LA SOUDIÈRE DE DINOZÉ

ET LES INONDATIONS

DES

PRAIRIES SALÉES DE LA VALLÉE DE LA SEILLE

PAR

L. GRANDEAU

Directeur de la Station agronomique de l'Est
Professeur à l'École forestière et à la Faculté des sciences
Président de la Société centrale d'agriculture de Nancy
Membre de la Société royale d'agriculture d'Angleterre
Secrétaire de la Société des agriculteurs de France, etc.

PARIS
LIBRAIRIE AGRICOLE DE LA MAISON RUSTIQUE
26, RUE JACOB, 26

1872

SOUDIÈRE DE DIEUZE

ET LES INONDATIONS

DES

PRAIRIES SALÉES DE LA VALLÉE DE LA SEILLE

NANCY. — IMPRIMERIE SORDOILLET ET FILS.

C.

PUBLICATION DE LA STATION AGRONOMIQUE DE L'EST

LA

SOUDIÈRE DE DIEUZE

ET LES INONDATIONS

DES

PRAIRIES SALÉES DE LA VALLÉE DE LA SEILLE

PAR

L. GRANDEAU

Directeur de la Station agronomique de l'Est
Professeur à l'École forestière et à la Faculté des sciences
Président de la Société centrale d'agriculture de Nancy
Membre de la Société royale d'agriculture d'Angleterre
Secrétaire de la Société des agriculteurs de France, etc.

PARIS

LIBRAIRIE AGRICOLE DE LA MAISON RUSTIQUE

26, RUE JACOB, 26

1872

LA
SOUDIÈRE DE DIEUZE

ET LES

INONDATIONS DES PRAIRIES SALÉES

DE LA

VALLÉE DE LA SEILLE

OBSERVATIONS PRÉLIMINAIRES.

1. EXPOSÉ DE LA QUESTION ([1]).

Au mois de juin 1870, nous avons été chargés, M. Rougieux, agriculteur à Lenoncourt, M. Thiry, agriculteur à Champigneulles, et moi, par les juges de paix de Dieuze et de Vic, d'examiner, en qualité d'experts, les prés situés sur le territoire des communes de Mulcey, Marsal et Moyenvic, appartenant aux sieurs Bier, Hazotte, Pardieu, Broche et Spitt, qui ont actionné la Compagnie des salines de Dieuze en dommages et intérêts à l'occasion de la mauvaise récolte succédant à une submersion prolongée de ces prés par suite du débordement de la Seille. Nous avons accepté la mission de rechercher quelles pouvaient être les causes du mauvais état de la récolte sur

---

([1]) La plupart des recherches analytiques dont les résultats sont consignés dans cette étude, ont été faites avec la collaboration de mon ami, M. le docteur Petermann, attaché en qualité de préparateur à la Station agronomique de l'Est, du 1er avril 1869 au 1er avril 1871, et depuis cette époque directeur de la station de Prilep, par Holleschau en Moravie (Autriche).

pied et d'établir si, d'après l'examen des faits, il était ou non impu-
table aux eaux déversées par la soudière de Dieuze dans la Seille.

M. le juge de paix de Dieuze a, en outre, appelé particulièrement
notre attention sur la mortalité du poisson de la Seille, qu'on observe
sur une assez grande échelle à certains moments de l'année, en nous
priant d'en rechercher les causes.

Nous nous sommes rendus à trois reprises différentes sur les lieux,
que nous avons étudiés avec le plus grand soin. Nous avons fait prélever par le juge de paix de Dieuze trente-neuf échantillons de
terre, eaux et récoltes, qui tous nous ont été transmis sous le sceau
de la justice de paix ; nous avons provoqué une enquête contradic-
toire sur l'état antérieur des récoltes des prés en question : en un mot,
nous avons eu recours à tous les modes d'investigation qui nous ont
paru nécessaires pour asseoir d'une manière certaine, à nos yeux du
moins, l'opinion que l'on trouvera résumée sous forme de conclusions
à la fin de notre travail.

Le grand nombre d'analyses et d'expériences à faire pour arriver
à des résultats concluants en ce qui concerne l'action des eaux de la
Seille tant sur les prairies que sur les poissons, le désir que nous
avions de revoir en 1871, au moment de la récolte, les prairies
submergées en 1870, enfin le trouble apporté aux œuvres de
paix par les temps malheureux que nous venons de traverser, toutes
ces causes réunies nous ont obligés à ajourner jusqu'à présent la ré-
daction de notre longue et minutieuse enquête. Nous ne pensons pas
avoir négligé un seul des moyens d'arriver à une réponse précise
aux diverses questions qui nous ont été posées. La volonté de rem-
plir scrupuleusement le mandat de confiance qui nous avait été donné
par les parties intéressées nous a conduit à multiplier les analyses et
les expériences de manière à ne laisser aucun doute dans l'esprit des
hommes compétents qui prendront la peine de lire ce travail. Nous
avons trouvé, en outre, dans l'intérêt général que présente la question de l'inondation des prairies et de ses effets, un motif de plus de
donner à nos recherches tous les développements nécessaires pour
arriver à des conclusions sur des faits jusqu'ici incomplétement étudiés
au point de vue scientifique.

J'ai cru, en ce qui concerne la partie chimique de cette étude, devoir reproduire les principales données analytiques sur lesquelles

reposent nos conclusions ; il m'a paru, en effet, indispensable pour permettre une discussion sérieuse des résultats obtenus de placer sous les yeux des magistrats appelés à se prononcer tous les éléments de notre travail. La critique fondée des conséquences auxquelles conduit l'analyse chimique n'est possible qu'à l'aide de ces documents analytiques, la connaissance des méthodes employées permettant seule d'apprécier le degré d'exactitude des résultats obtenus.

2. LA SEILLE ET SON COURS.

La Seille sort de l'étang de Lindre, dont elle forme le déversoir naturel. Rivière très-étroite (5 à 15 mètres), à cours sinueux, à pente insensible (22 millimètres sur 100 mètres), coulant dans un lit peu profond et très-vaseux, garnie sur presque tout son parcours de roseaux vigoureux, la Seille déborde fréquemment et occasionne des inondations qui maintiennent sous l'eau les prairies riveraines pendant des temps plus ou moins longs.

D'après les renseignements qui nous ont été fournis sur les lieux mêmes, l'administration préfectorale de la Meurthe a mis, sous l'Empire, la plus grande négligence dans l'entretien du lit de la rivière : si le curage et le faucardage prescrits par les règlements administratifs avaient été exécutés régulièrement comme cela doit être, tout porte à croire que l'inondation prolongée de 1869-1870, si désastreuse pour les prairies riveraines, n'eût pas eu lieu ou tout au moins eût été passagère et, conséquemment, peu préjudiciable aux récoltes voisines.

Nous avons constaté, en juin 1870, qu'aucune des prescriptions réglementaires n'avait reçu son application ; la rivière était boueuse, la hauteur de la vase atteignait dans certains endroits 70 à 80 centimètres, et, de distance en distance, les roseaux enchevêtrés les uns dans les autres constituaient de véritables barrages s'opposant à l'écoulement des eaux, déjà si faible par suite de l'absence de pente naturelle suffisante.

J'insiste à dessein sur ces faits d'une grande importance, puisque, au moment de la mise à sec de l'étang de Lindre surtout, de l'état d'entretien du lit de la rivière dépend l'état des récoltes sur une étendue

de plusieurs lieues. Le voisinage immédiat de l'étang et de la rivière
qui en sort, loin d'être une source de richesse permanente pour
le pays, dont il permettrait, à l'aide de quelques travaux, l'irrigation
régulière, devient le plus souvent une cause de désastres pour les
propriétaires riverains.

Depuis 1861, d'après l'enquête que nous avons faite, la Seille n'a
pas été curée entre Dieuze et Moyenvic; elle n'a pas été faucardée
depuis trois ans.

3. SITUATION ET NATURE GÉOLOGIQUE DES PRÉS INONDÉS.

De Dieuze à Moyenvic, c'est-à-dire sur le territoire où sont situés
les prés à expertiser par nous, la Seille coule dans le diluvium en-
clavé de tous côtés dans l'étage des marnes irisées constitué par le
gypse et la dolomie moyens. Les deux prairies du territoire de Lesey dont il sera question plus loin et que nous avons choisies comme
termes de comparaison, sont situées, l'une dans le diluvium, l'autre
dans les marnes irisées (gypse et dolomie moyens).

Les prés de Mulcey, de Marsal et de Moyenvic que nous avions à
expertiser, confinent tous au même bord de la Seille, entre la rivière
et la route de Dieuze à Château-Salins : ils appartiennent tous, comme
je viens de le dire, par la nature de leur sol, à la même formation
géologique ; tous sont inondés par la Seille plus ou moins mélangée
aux eaux provenant des égouts de la soudière ; les prairies de Lesey,
prises comme point de comparaison, sont situées de l'autre côté de
la Seille, à une distance d'environ trois kilomètres de cette rivière ;
elles sont rarement inondées, et jamais par la Seille, qui ne saurait
les atteindre, mais par le ruisseau dit canal des salines, qui en
aucun temps ne reçoit les déjections de la saline de Dieuze.

Les prairies de Mulcey, Marsal et Moyenvic ont été submergées depuis le mois de novembre 1869 jusqu'aux premiers jours de mars
1870, et de nouveau couvertes par les eaux de décembre 1870 à
mars 1871. L'étang de Lindre, qui était à sec au moment de l'expertise, a été remis en eau au mois de mars de l'année 1871.

La récolte de 1870 se présentant mal à la suite de l'inondation de
l'hiver précédent, les propriétaires ou locataires des prés dont nous

avons rappelé plus haut les noms ont cru pouvoir attribuer aux eaux déversées dans la Seille par la fabrique de produits chimiques de Dieuze le mauvais état des foins ; ils ont, en conséquence, intenté un procès à la Compagnie des salines, et conformément au désir exprimé par les parties adverses, une expertise a été ordonnée par les juges de paix de Dieuze et de Vic.

Il arrive fréquemment dans le cours de l'été que les poissons de la Seille viennent tout à coup, sur certains points, à la surface de l'eau et succombent rapidement sans cause connue. M. le juge de paix de Dieuze, bien qu'aucune action n'ait été intentée, à ce sujet, contre la Compagnie des salines, nous a saisis de cette question, comme je l'ai dit plus haut.

En résumé, déterminer, si cela était possible, à quelles causes on doit attribuer la mauvaise récolte en fourrages de 1870 dans les prairies de Mulcey, Marsal et Moyenvic ; établir l'influence que peut avoir l'usine de Dieuze sur cette récolte; fixer, s'il y a lieu, les indemnités qu'elle aurait à payer aux intéressés ; enfin, rechercher si la mortalité des poissons est liée de près ou de loin à la nature des eaux et quelle en est la cause, tels sont les différents points soumis à nos investigations.

Deux intérêts opposés, également importants et respectables, se trouvent ici en présence, l'intérêt agricole et l'intérêt industriel. D'une part, de nombreux propriétaires, tous les propriétaires riverains de la Seille depuis Dieuze jusqu'à Vic et au delà ; de l'autre, une grande usine, source de travail et de richesse pour le pays.

L'agriculture et l'industrie ont des titres égaux à la protection de l'Etat. Elles doivent pouvoir se développer librement l'une et l'autre à la condition réciproque de ne pas se porter préjudice. C'est en partant de ces principes conformes à la plus stricte équité que nous avons examiné, sans idée préconçue et en nous livrant aux plus minutieuses recherches, les questions soulevées par l'expertise qui nous a été confiée.

4. PLAN ET DIVISIONS DE CETTE ÉTUDE.

1° Examen des propriétés physiques et chimiques des sols des prairies inondées et des prairies non inondées. — Eau provenant d'un sondage fait sur notre demande dans le pré du sieur Bier.

2° Examen et analyse des diverses eaux en contact avec les prés submergés, savoir :

    a. Eau de la Seille prise en amont de Dieuze.

    b. Eau de la Seille prise en aval, avant mélange avec les eaux d'égout de l'usine de Dieuze.

    c. Eau de la Seille après mélange avec les eaux des bassins, à diverses époques.

    d. Eau des bassins de Dieuze.

3° Examen et analyse des fourrages récoltés : *a*, dans les prés inondés; *b*, dans les prés non inondés.

4° Résultat et discussion de l'enquête faite, sur notre demande, près des anciens du lieu, par M. le juge de paix de Dieuze.

5° Description de l'état des prairies inondées et non inondées en juin 1870 et en juillet 1871.

6° Discussion des analyses des sols, des eaux et des plantes.

7° Examen de la question relative à la mortalité des poissons.

8° Résumé et Conclusions.

La première partie de ce travail est presque exclusivement consacrée à l'exposé des résultats analytiques ; ce n'est qu'après avoir fait connaître la composition des sols, des eaux et des fourrages récoltés, que nous arriverons à la discussion des faits. L'influence de l'inondation et, s'il y a lieu, des impuretés des eaux de l'usine sur la quantité et sur la qualité des récoltes, ne peut être examinée utilement que lorsque nous aurons rapporté les faits chimiques et agronomiques constatés par l'expertise et dans le laboratoire.

I. — PROPRIÉTÉS PHYSIQUES ET CHIMIQUES DES SOLS.

1. ÉNUMÉRATION DES ÉCHANTILLONS SOUMIS A L'ANALYSE.

Lors de notre première visite aux prairies de Mulcey, Marsal et Moyenvic, le 18 juin 1870, après avoir noté exactement l'état des terrains et celui des récoltes, nous avons prélevé, en présence des magistrats de Dieuze et de Vic et des parties intéressées, treize échantillons de terre dont voici la désignation :

1re AFFAIRE. — *Les sieurs Hazotte, Bier et Pardieu, contre la Compagnie des Salines.*

A. Terre prise à la surface du pré Hazotte, couvert par place d'efflorescences blanchâtres.
B. Terre du pré Bier (sol).
C. Terre du pré Pardieu, à Mulcey (sol).
D. Efflorescences blanchâtres du pré Pardieu, au Niderbreuil, canton des Grands-Rouaux.
E. Terre d'un pré qui confine au précédent, mais n'a pas été inondé.
F. Efflorescences blanchâtres recueillies sur l'argile du ruisseau du moulin (terrain non inondé).

2e AFFAIRE. — *Veuve Broche contre la Compagnie des Salines* (¹).

H. Efflorescences blanchâtres du pré Broche, canton de la Beauvoire.
I. Efflorescences recueillies près d'une mare d'eau salée, entourée de salicorne ; le niveau de l'eau salée est situé à $0^m,8o$ en contre-bas du sol.

3e AFFAIRE. — *Le sieur Spitt contre la Compagnie des Salines* (¹).

K. Sol du pré Spitt. — Ce pré est sillonné de canaux asséchés, recouverts d'efflorescences blanchâtres.
L. Argile des canaux recouverts d'efflorescences.
M. Limon des canaux.

(¹) Les affaires Broche et Spitt sont du ressort de la justice de paix de Vic ; la première a été instruite par le juge de paix de Dieuze. Nous avons joint les trois affaires en un seul rapport, pour éviter des redites, à raison de la connexité complète des intérêts engagés dans ce débat.

Echantillons destinés à servir de points de comparaison.

O. Sol d'une prairie de Lesey non inondée en 1870, mais inondée en 1871, et qui était aussi mauvaise en 1870 au point de vue des récoltes que les plus mauvaises parties des prés inondés.

P. Sol d'un pré du territoire de Lesey, confinant au précédent, prairie donnant une excellente récolte en 1870 comme les années précédentes.

Je me suis fait, en outre, adresser par M. le juge de paix de Dieuze les échantillons suivants de sol recueillis par lui, conformément aux instructions que je lui avais données.

Q. 1º Dix kilogrammes de sol du pré Bier, pris de 0^m à 0^m10 de la surface.

R. 2º Sous-sol de la même prairie pris de 0^m10 à 0^m20 au-dessous de la surface.

M. le juge de paix de Dieuze a fait exécuter, le 13 juillet 1870, un sondage dans le pré Bier, en présence des intéressés, et m'a transmis les échantillons suivants provenant de cette opération.

Sol de 0^m à 0^m20 au-dessous de la surface.
Sol de 0^m20 à 0^m40 —
Sol de 0^m40 à 0^m60 —
Sol de 0^m60 à 0^m80 —
Sol de 0^m80 à 0^m90 —
Sol de 0^m90 à 0^m93 —
Sol de 1 mètre à 1^m20 —
Sol de 1^m20 à 1^m40 —
Eau du sondage rencontrée à 0^m93 de profondeur.

Enfin, j'ai reçu de M. le juge de paix de Dieuze, sur ma demande :
5 kilog. sol de la prairie de Lesey, de bonne qualité.
5 kilog. sous-sol de la même prairie.
5 kilog. sol du mauvais pré de Lesey.
5 kilog. sous-sol du même pré.

Ces échantillons, comme on le voit, peuvent être groupés dans trois catégories distinctes, savoir :

1º Terrains des prés submergés par la Seille mélangée aux eaux de l'usine (sols et sous-sols des prés Hazotte, Bier, Pardieu, Broche, Spitt ; échantillons A, B, C, D, H, I, K, L, M) ;

2° Terrains des prés submergés quelquefois par le canal des salines, dont les eaux ne sont jamais mélangées avec les eaux d'égouts de l'usine (échantillon O);

3° Terrains des prés qui ne sont jamais submergés (échantillons E et P).

2. PROPRIÉTÉS PHYSIQUES DE CES DIFFÉRENTS SOLS. — ASPECT. — POIDS SPÉCIFIQUE. — FACULTÉS D'IMBIBITION ET D'ÉVAPORATION.

Les sols de la partie de la vallée de la Seille qui nous occupe sont des argiles plus ou moins compactes, peu perméables, de couleur gris-brunâtre. Un litre de terre séchée à l'air pèse de 1409 à 1510 grammes, suivant les points où l'on prélève les échantillons. La terre du pré Bier à une densité de 1.5, c'est-à-dire qu'un litre pèse 1500 gr. Nous prendrons dans nos calculs ce chiffre de 1500 grammes comme représentant sensiblement le poids moyen d'un litre de terre séchée à l'air. Si l'on admet que la couche de terre arable participant directement à la végétation des prairies a une épaisseur de 0^m15, on trouve que le volume de terre représentant le sol superficiel s'élève, par hectare, à quinze cent mètres cubes et que son poids est de 2250 tonnes métriques. Ces données nous serviront plus loin à établir approximativement la quantité de sel marin contenue dans les sols des divers prés à expertiser.

La quantité d'eau nécessaire à la saturation d'un sol, c'est-à-dire le volume d'eau que retient ce sol, lorsqu'après avoir été mouillé complétement il est égoutté, est en général très-importante à connaitre; il en est de même de la quantité d'eau qu'un sol mouillé, exposé au contact de l'air, peut abandonner dans un temps donné, par évaporation. J'ai eu recours pour déterminer la faculté d'imbibition des sols des environs de Dieuze à des essais directs; l'évaluation approximative de la faculté d'évaporation résulte d'expériences faites à la Station agronomique de l'Est sur une terre argileuse très-analogue à celle des prairies salées.

Pour déterminer la faculté d'imbibition du sol, on a procédé de la manière suivante: trois kilogrammes de terre séchée à l'air libre et émiettée à la main sont placés dans un vase cylindrique de dix centimètres de diamètre et de 25 centimètres de profondeur, muni à sa partie inférieure d'une ouverture étroite destinée à donner librement passage à l'excès d'eau : la terre repose sur une feuille de papier à filtre soutenue par une toile métallique. On humecte la terre lentement en faisant tomber à sa surface une pluie factice d'eau distillée, jusqu'au moment où l'eau, après avoir successivement pénétré les diverses couches de terre, commence à s'écouler à la partie inférieure du vase. On recueille avec soin l'eau qui s'échappe; lorsque l'écoulement a complétement cessé, on mesure le volume de l'eau recueillie : en le retranchant du volume total employé sous forme de pluie, on a la quantité d'eau absorbée par les trois kilogrammes de terre.

J'ai appliqué cette méthode à trois échantillons de terre : sol du pré Bier ; sol de Lesey O (mauvais pré) ; sol de Lesey P (bon pré).

Pour toutes les recherches générales relatives aux propriétés physiques et chimiques, je me suis borné, pour plusieurs motifs, à expérimenter sur ces trois sols. Le pré Bier est de tous ceux que nous avions à expertiser le plus rapproché de l'usine, c'est sur lui par conséquent que les effets des déjections de la soudière auraient pu exercer la plus grande influence, l'eau de la Seille devant en ce point là être plus chargée de matières étrangères que partout ailleurs; en second lieu, la très-grande analogie de composition existant entre ce sol et ceux des autres prairies permet de le prendre comme type de discussion. Quant aux sols de Lesey, j'ai à peine besoin de revenir sur l'importance de leur examen ; on sait déjà en effet que l'un, le sol O, provient d'un pré qui n'a jamais été submergé par les eaux de l'usine et que l'autre, le sol P, peut être considéré comme un type de bonne prairie du pays.

Les essais d'imbibition ont donné, pour ces trois sols, les résultats suivants :

	Pré Bier.	Pré Lesey O.	Pré Lesey P.
1 kilogr. de terre absorbe.	0^l418^{cc} eau	0^l441^{cc}	0^l408^{cc}.
1 mètre cube absorbe.....	418 »	441 »	408 »

Ces trois terres absorbent donc, par imbibition directe, un peu plus des deux cinquièmes de leur poids d'eau.

S'il est possible d'évaluer avec quelque exactitude, sur une petite quantité de terre, le poids de l'eau absorbée par un sol, il devient très-difficile de fixer, par des expériences analogues, la faculté d'évaporation du sol. Cette dernière joue cependant un rôle considérable dans la végétation et il est intéressant de se faire une idée au moins approchée de l'importance du phénomène. Lorsqu'il s'agit, comme au cas particulier, de sols arables reposant sur une couche d'eau salée, ce qu'on verra plus loin, l'évaporation du sol acquiert une très-grande importance, dans les années chaudes et sèches surtout, car elle amène nécessairement dans la couche superficielle une quantité notable de sel marin dont l'influence doit être réelle sur la fertilité du sol.

L'une des cases de végétation de la Station agronomique ([1]) est remplie d'un sol argileux très-comparable par sa constitution physique et chimique aux argiles de la vallée de la Seille ; cette case qui a un mètre de profondeur sur un mètre de largeur et un mètre de longueur contient donc un mètre cube de terre. La quantité d'eau absorbée par cette terre s'élève à 458 litres par mètre cube, chiffre très-comparable aux précédents. Du 31 mai 1870 au 1er décembre de la même année (soit 183 jours), la case a évaporé 398 lit. 400 cent. cub., soit 2 lit. 140 cent. cub. par 24 heures.

En rapportant à l'hectare les chiffres relatifs à l'imbibition et à l'évaporation, on trouve que l'hectare de sol argileux, soit 10,000 mètres cubes de terre, retient, sur une profondeur d'un mètre, 4580 mètres cubes d'eau et qu'il évapore en un an 78 m. c. 660 litres d'eau.

Nous verrons plus loin quelles conséquences on peut tirer de ces faits au point de vue de l'expertise qui nous occupe. Constatons seulement que le chiffre de l'évaporation donné plus haut se rapporte à un sol dépourvu de végétation et qu'il est sensiblement plus élevé lorsqu'on a affaire à un sol couvert de plantes.

3. ANALYSE MÉCANIQUE DES SOLS.

La terre desséchée à 110° a été analysée par lévigations successives, en opérant, pour chaque sol, sur 10 grammes de terre fine, c'est-à-dire débarrassée de cailloux et de matières étrangères. On n'employait pas plus d'un litre d'eau distillée pour chaque analyse ; la précipitation de l'argile fine a été obtenue par l'addition aux dernières eaux de lavage de quelques gouttes de nitrate de chaux, en observant

---

([1]) On trouvera le plan et la description de ces cases de végétation dans les comptes rendus du Congrès agricole libre de Nancy. 1 vol. in-8°. Paris, 1869 ; librairie agricole, rue Jacob, 26.

d'ailleurs toutes les précautions indiquées par M. Schlœsing, auquel on doit la meilleure méthode d'analyse mécanique des sols.

La terre du pré Bier, celles des prairies O et P de Lesey, ont donné à l'analyse les résultats suivants :

		Sable.	Argile grossière.	Argile fine.
	Pré Bier......	61	22	17
SOLS.	Pré Lesey O...	60	21	19
	Pré Lesey P...	78	11	11

La seule différence notable dans la composition de ces trois sols consiste dans la plus grande teneur en sable du sol de la bonne prairie de Lesey ; les sols du pré Bier et du mauvais pré de Lesey présentent une composition presque identique.

4. QUANTITÉ ET NATURE DES MATIÈRES DISSOUTES DANS L'EAU QUE RENFERMENT LES SOLS BIER, LESEY (O) ET LESEY (P).

Les végétaux puisent dans l'atmosphère, dans le sol et dans l'eau qui imprègne ce dernier, tous leurs aliments ; les belles recherches de M. Schlœsing ont appelé l'attention des agronomes sur l'importance que présente l'étude des dissolutions salines qu'on obtient en déplaçant méthodiquement, avec de l'eau distillée, les liquides qui se trouvent dans tous les sols arables et dont le volume est précisément en rapport avec les facultés d'imbibition et d'évaporation des sols. Une terre quelconque ne pouvant retenir qu'une quantité limitée d'eau qui, au contact du sol s'empare d'une partie des éléments solubles de ce dernier, il arrive que lorsqu'on remplace cette dissolution par de l'eau distillée, mise lentement en contact avec la terre, comme l'est une pluie fine et régulière par exemple, on obtient, par déplacement, la solution qui préexistait dans la terre au moment de l'expérience. L'analyse des liquides ainsi extraits présente un réel intérêt. En effet, c'est moins la teneur absolue des sols en divers principes fertilisants qu'il importe à l'agriculteur de connaître que la richesse relative des milieux liquides dans lesquels les racines des plantes trouvent leur nourriture immédiate. La comparaison des résultats fournis, au point de vue du sel marin par exemple, par le dosage direct de cette matière dans les sols et dans les liquides que donne leur lavage méthodique mettra en évidence l'exactitude de cette observation. Sans anticiper sur les dosages de chlorure de sodium dans les différents sols de la vallée de la Seille qu'on trouvera plus loin, je réunis ici quelques chiffres qui ne laissent aucun doute sur les différences que peuvent donner ces deux modes d'investigation appliqués à un même sol.

Au cas particulier des prairies à expertiser, la méthode de lavage méthodique présentait un intérêt direct : il importait de savoir, en effet, si la dissolution saline mise à la disposition des racines des herbes différait notablement dans le pré Bier, submergé pendant des mois entiers par l'eau de la Seille mélangée aux déjections de l'usine, de la dissolution offerte aux plantes par les prés de Lesey, dont l'un (pré O) bien que n'ayant jamais été submergé donnait en 1870 une récolte aussi mauvaise que celle du pré Bier pour le moins, tandis que l'autre, qui n'avait pas non plus été inondé, présentait une très-belle récolte. L'emploi de cette méthode était, en outre, le meilleur moyen de constater si les eaux de l'usine avaient laissé dans le sol du pré Bier des substances nuisibles aux plantes.

Voici comment on a procédé pour élucider la question :

Dans trois vases identiques à ceux que j'ai décrits à propos de l'imbibition des sols, on a placé trois kilogrammes de chacune des terres à analyser. On a fait tomber lentement sur la terre (à raison de 1 litre 1|2 en 24 heures), sous forme de pluie fine, de l'eau distillée et l'on a recueilli les trois premiers litres d'eau qui ont filtré à travers le sol. On a évaporé, à siccité au bain-marie, dans une capsule de platine les liquides ainsi obtenus ; les résidus ont été désséchés, pesés et analysés. Les sous-sols correspondant à chacun des sols (couche de $0^m,10$ à $0^m,25$ au-dessous du sol), ont été traités de la même manière.

Les résidus rapportés à un kilogr. de terre sont les suivants :

	Pré Bier.	Pré Lesey O.	Pré Lesey P.
Sol...	4^g485	7^g10	3^g00
Sous-sol..	5 o5o	9 o2	3 o1

Les quantités totales de chlorure de sodium trouvées dans un kilogramme de chacune de ces terres (voir page 15) sont les suivantes :

	Pré Bier.	Pré Lesey O.	Pré Lesey P.
Sol...	4^g710	73^g5o	0^g045
Sous-sol..	5 85o	84 6o	0 o48

Les dissolutions obtenues par le lessivage méthodique sont loin de contenir des quantités de sel marin correspondant à la richesse si inégale des sols et sous-sols en chlorure de sodium, comme le montre le tableau suivant :

COMPOSITION CENTÉSIMALE DES RÉSIDUS DES LIQUIDES PROVENANT DES SOLS ET DES SOUS-SOLS.						
SUBSTANCES DISSOUTES.	PRÉ BIER.		PRÉ LESEY O.		PRÉ LESEY P.	
	SOL.	S.-SOL.	SOL.	S.-SOL.	SOL.	S.-SOL.
Acide carbonique.........	0.41	0.22	0.90	0.50	1.05	0.95
Acide sulfurique.........	18.57	14.17	4.52	4.88	3.70	3.70
Chlore...............	30.20	33.15	54.22	41.83	34.44	47.38
Soude...............	31.31	31.13	38.50	43.50	38.82	28.08
Chaux...............	6.90	11.05	13.00	9.00	12.20	15.20
Magnésie..............	10.10	9.90	0.51	3.48	0.40	6.08
Potasse................	traces	traces	traces	traces	traces	traces
Acide phosphorique........	3.50	néant.	néant.	néant.	néant.	néant.

Plusieurs faits intéressants ressortent de ces analyses : premièrement, le sol du pré submergé par les eaux de la Seille mélangées aux déjections de l'usine cède à l'eau distillée beaucoup plus de sulfates que les deux autres sols ; secondement, il renferme de l'acide phosphorique à l'état soluble, ce qui n'a pas lieu pour les sols des prairies de Lesey. Nous verrons plus loin, par la composition de l'eau de la Seille, la raison de ces deux faits. En troisième lieu, le sel marin se trouve, dans ces eaux, en quantités tout à fait disproportionnées avec les quantités de sel que contiennent réellement les sols analysés. Enfin, l'eau provenant de l'épuisement du pré Bier est également beaucoup plus riche en magnésie que celles des deux autres sols.

Je me borne à indiquer ces faits en passant, me réservant d'y revenir plus loin pour les discuter et en tirer quelques conséquences.

Les chiffres rapportés ci-dessus justifient, je crois, l'intérêt qu'il y a
au point de vue de la culture, à soumettre les sols dont on veut connaître la valeur agricole à ce genre spécial d'analyse dont les recherches si intéressantes de M. Schlœsing ont fait ressortir l'importance.

5. DOSAGE DU CHLORE DANS LES SOLS. — RICHESSE EN SEL MARIN DES
DIFFÉRENTES TERRES. — QUANTITÉS DE SEL A L'HECTARE.

Le sel marin a été dosé dans 11 échantillons de terre. La méthode
employée pour ces dosages est la suivante : on épuise à froid, par
l'eau distillée, 50 grammes de terre tamisée et séchée à 110°. Dans la
dissolution, acidulée par l'acide azotique, on verse de l'azotate d'argent ; on recueille le précipité de chlorure d'argent, on le lave, on le
déssèche et on le pèse. D'après le poids du chlorure d'argent, on
calcule le poids du chlorure de sodium.

DÉSIGNATION DES SOLS.	SEL MARIN CONTENU DANS 100ᵍ DE TERRE	SEL MARIN CONTENU DANS UN HECTARE sur une épais. de 0ᵐ15
1. Pré Bier (*sol*)	0ᵍ.471	1059ᵏ.700
2. Pré Bier (*sous-sol*)	0 .279	627 .800
3. Pré Hazotte (*sol*)	1 .322	2974 .500
4. Pré Pardieu (*à Mulcey*)	0 .180	405 .000
5. Pré Broche (*Marsal*)	1 .008	2268 .000
6. Id. (*efflorescences*)	0 .117	»
7. Pré Spitt (*Moyenvic*	0 .160	360 .000
8. Pré non inondé, confinant au pré Pardieu	0 .035	78 .750
9. Efflorescences de l'argile du ruisseau du moulin	0 .031	»
10. Pré de Lesey (*mauvais*)	7 .350	16.335 .000
11. Pré de Lesey (*bon*)	0 .0045	10 .025

La quantité de sel varie, comme on le voit, dans d'énormes limites pour ces différents sols ; dans le pré de Lesey qui donne d'excellentes récoltes, elle atteint à peine le chiffre de 10 kilogrammes par hectare ce qui est insignifiant, tandis que dans le pré de mauvaise qualité, qui touche au précédent, elle s'élève au chiffre extraordinaire de 16,335 kilogrammes à l'hectare. Quant aux prés à expertiser, les écarts, pour être moins considérables, présentent cependant des différences très-sensibles ; ils varient de 405 kilogr. à 2,974 kilogr. à l'hectare. Une telle quantité de sel marin exerce incontestablement une influence défavorable sur la végétation. Il y a tout lieu de croire que la quantité de sel qu'on rencontre dans le sol varie avec les années et que la sécheresse exceptionnelle de l'été de 1870 a dû contribuer beaucoup à augmenter la richesse du sol en chlorure de sodium.

D'où vient le sel marin dans ces terres arables submergées par les eaux de la Seille ? Trois causes peuvent être invoquées isolément ou simultanément pour répondre à cette question. 1° La richesse naturelle du sol si voisin des bancs de sel. 2° L'appel à la surface du sol, par suite de la forte évaporation due à la sécheresse, de couches d'eaux salées situées peu profondément. 3° L'introduction du sel par suite du séjour des eaux.

Examinons successivement ces trois hypothèses :

1° *Richesse du sol en sel marin.* — Cette cause nous parait insuffisante pour expliquer les proportions énormes de sel qu'on trouve dans la terre arable de ces prés. Si, en effet, c'était là l'unique motif de la présence du sel, on devrait retrouver ce corps en quantité notable dans les terres qui confinent aux prés inondés et qui appartiennent à la même formation géologique. Or, cela n'a pas lieu : nous voyons en effet que les prés de Mulcey (n° 8) et de Lesey (n° 11), prés que l'on peut appeler normaux, ne contiennent que de 10 kilogr. à 78 kilogr. de sel à l'hectare. Presque toutes les argiles contiennent de 10 à 20 kilogr. de sel à l'hectare (évalués comme plus haut.) Ces proportions n'ont donc rien d'extraordinaire et l'on est conduit à chercher une autre explication de la richesse extraordinaire des sols de la vallée de la Seille en sel marin.

2° *Appel du sel à la surface par évaporation.* — Dans le but d'établir quelle pouvait être la part de cette cause dans la teneur du sol en sel marin, j'ai prié le juge de paix de Dieuze de faire pratiquer sous ses yeux, dans le pré Bier, un sondage qu'on arrêterait dès qu'on arriverait à la première nappe d'eau. Le sondage a été exécuté le 13 juillet 1870; on a rencontré l'eau à la profondeur de $0^m,93$ au-dessous du niveau du sol du pré Bier et j'ai dosé le sel marin dans les couches successives de terre qu'on avait traversées ainsi que dans l'eau puisée au fond du trou de sonde. Voici les résultats de ces diverses analyses.

                                                            Sel marin contenu dans 100 gr.

Sols situés au-dessus de la nappe d'eau.	A sol du pré Bier................	0^g471
	B terre de 0^m20 à 0^m40 de profond.	0 279
	C terre de 0 40 à 0 60 id.....	0 277
	D terre de 0 60 à 0 80 id.....	0 251
	E terre de 0 80 à 0 90 id.....	0 198
	F terre de 0 90 à 0 93 id.....	0 198
Au-dessous de la nappe d'eau.	G terre de 1 00 à 1 20 id.....	0 413
	H terre de 1 20 à 1 40 id.....	0 413

L'eau puisée entre les couches E et F à 0,93 cent. a donné, par litre, un résidu total de 9 gr. 400 formé presque exclusivement de chlorure du sodium et de sulfate de chaux : ce résidu présentait, en effet, la composition suivante :

Chlorure de sodium...........	6^g669
Sulfate de chaux..............	2 531
Silice et matières non dosées....	200
	9^g400

Les chiffres relatifs à la proportion de sel marin contenu dans les différentes couches du sous-sol qu'on traverse avant de rencontrer l'eau salée présentent de l'intérêt ; on remarquera, en effet que le taux, pour cent, de sel diminue à mesure qu'on s'éloigne de la surface pour se rapprocher de la nappe d'eau et que la couche inférieure d'argile sur laquelle repose l'eau est à son tour presque aussi riche en sel que le sol superficiel. On semble autorisé à déduire de ces faits que l'évaporation qui s'opère constamment à la surface du sol sous l'influence de la végétation, de la sécheresse et du vent, provoquant l'ascension par capillarité de la couche d'eau salée à travers le sol, a pour résultat définitif de concentrer le sel à la superficie de la prairie. Nul doute pour moi qu'il faille attribuer, en partie, à cette cause le degré de salure des prés Bier, Hazotte, Broche et Spitt qui reposent tous sur la même couche d'eau comme l'indiquent les mares qu'on rencontre de distance en distance dans les prés. Quant aux prairies que les débordements de la Seille n'atteignent pas à raison de leur surélévation au-dessus des précédents, la même cause de salure peut aussi exister quoique à un moindre degré.

Il importait d'examiner aussi la troisième cause de salure indiquée plus haut à savoir le dépôt à la surface des sols submergés d'une certaine quantité de sel par les eaux de la Seille. Nous y reviendrons dans le paragraphe suivant consacré à l'analyse des diverses eaux qui se sont trouvées en contact avec les prés de Mulcey, Marsal et Moyenvic pendant l'hiver 1869-1870.

II. ANALYSE DES EAUX SUBMERGEANT LES PRÉS.

Toutes les prairies submergées en 1870 sont situées en aval de Dieuze ; la Seille qui les a recouvertes pendant près de cinq mois reçoit avant de les atteindre : 1° les eaux d'égout de la ville de Dieuze, 2° les eaux d'une fabrique de gélatine et d'une tannerie, 3° enfin les résidus liquides de la fabrique de produits chimiques. Il importait donc, pour établir la part de l'usine de Dieuze dans les impuretés que peut contenir la Seille, d'analyser les eaux de cette rivière : 1° en amont de Dieuze, 2° en aval de la ville après mélange avec les égouts de la ville et les détritus de la gélatinerie et de la tannerie, mais exemptes encore des déjections de l'usine de produits chimiques, 3° les eaux de la Seille telles que les prairies les reçoivent au moment des inondations, c'est-à-dire souillées à la fois par les égouts de la ville, par les eaux de la tannerie, de la gélatinerie et par celles de la saline, 4° enfin, les eaux des bassins de la soudière dans l'état de concentration où l'usine les déverse dans la Seille. Ces divers échantillons ont été prélevés par le juge de paix de Dieuze et m'ont été adressés dans des vases scellés et étiquetés par ce magistrat.

1. ÉNUMÉRATION DES ÉCHANTILLONS SOUMIS A L'ANALYSE.

1. Eau recucillie dans la Seille en amont de Dieuze le 28 juin 1870 à 8 heures du matin. Cette eau est pure, dit la lettre d'envoi, et dans son état naturel, ayant été prise dans la rivière, en un point où les vidanges de la saline ne peuvent refluer.

2. Eau recueillie dans la Seille le 2 juillet 1870, à 300 mètres en aval de la ville, sur un point où les résidus de la saline ne pénètrent pas ; toutefois cette eau ne doit pas être identique à celle recueillie en amont de Dieuze et portant le n° 1. La raison en est qu'en traversant Dieuze, la Seille reçoit les eaux du Spin et du Verbach qui ton elles-mêmes reçu les égouts de toute la ville ainsi que les résidus de la fabrique de gélatine de MM. Ries et ceux de la tannerie, peu importante d'ailleurs, du sieur Cabouat. (*Note du juge de paix.*)

3. Eau recucillie dans la Seille le 2 juillet 1870 à 8 heures du matin entre Blanche-Église et Mulcey, aval de Dieuze, la saline ayant vidé ses bassins dans la nuit du 27 au 28

4. Eau recueillie dans la Seille à un kilomètre en aval de Dieuze le 1er juillet 1870 à 3 heures après-midi. L'étiquette porte l'indication suivante : Cette eau qui était d'un blanc laiteux a été puisée au moment même où la saline achevait de déverser dans la Seille le résidu liquide des bassins. La cruche a été fermée et scellée sur-le-champ; il doit y avoir une analogie à peu près complète entre cette eau et celle du n° 2 au degré de concentration près.

5. Résidus liquides puisés dans les bassins de la fabrique de produits chimiques de Dieuze le 2 juillet 1870 à 11 heures du matin.

6. Eau puisée par les experts dans la Seille le 18 juin 1870 à l'extrémité du pré Bier.

7. Eau puisée dans la Seille par le sieur Brocard, propriétaire riverain, le 28 juin 1870.

2. COMPOSITION DE L'EAU DE LA SEILLE PRISE EN AMONT DE
LA VILLE DE DIEUZE LE 28 JUIN 1870.

Échantillon n° 1. — Cette eau est limpide ; elle a une légère odeur nauséabonde, une saveur franchement salée ; elle donne, par litre, un

résidu salin pesant 11 gr. 8 et fortement coloré en brun ; elle décolore la teinture d'iode, elle est neutre aux papiers réactifs.

Un litre d'eau donne $24^{cc},25$ de gaz composés de :

$$\begin{array}{lr}
\text{Azote}\dots\dots\dots\dots\dots\dots\dots & 17^{cc}00 \\
\text{Acide carbonique}\dots\dots\dots\dots & 7\ 25 \\
\text{Oxygène}\dots\dots\dots\dots\dots\dots & 0\ 00
\end{array}$$

Un litre d'eau contient :

$$\begin{array}{lr}
\text{Hydrogène sulfuré (à l'état de sulfure alcalin)}.. & 0^{g}006 \\
\text{Alumine et fer}\dots\dots\dots\dots\dots\dots\dots & 0\ 616 \\
\text{Acide phosphorique}\dots\dots\dots\dots\dots & traces. \\
\text{Chaux}\dots\dots\dots\dots\dots\dots\dots\dots & 0\ 090 \\
\text{Acide sulfurique}\dots\dots\dots\dots\dots\dots & 0\ 656 \\
\text{Sel marin}\dots\dots\dots\dots\dots\dots\dots & 10\ 010 \\
\text{Matière organique}\dots\dots\dots\dots\dots & 0\ 405 \\
\hline
\text{Total}\dots\dots & 11^{g}785
\end{array}$$

Cette eau, on le voit, est caractérisée par sa richesse extraordinaire
en sel marin ; l'endroit dans lequel on l'a puisée était évidemment en
rapport avec quelque source salée ; les points importants à noter sont la
présence de l'hydrogène sulfuré, ce qui explique l'absence d'oxygène
dans les gaz dissous, le chiffre de la matière organique, la présence
de l'acide phosphorique. Cette eau, par son degré de salure, et surtout par suite de l'absence d'oxygène est impropre à l'entretien de la
vie des animaux. Nous reviendrons plus loin sur cette analyse.

3. COMPOSITION DE L'EAU PRISE EN AVAL DE DIEUZE LE 28 JUIN 1870
AVANT MÉLANGE AVEC LES EAUX DE LA SALINE.

Echantillon n° 2. — J'ai procédé avec le plus grand soin à l'analyse complète de l'eau puisée en aval de la ville avant tout contact
de la Seille avec les égouts de la saline, cette eau pouvant être consi-
dérée comme le type de l'eau qui inonderait les prairies si la fabrique
de produits chimiques n'existait pas ou ne déversait pas ses résidus
dans la Seille. Cette eau est limpide et très-légèrement jaunâtre, elle
ne décolore pas l'iode, sa saveur est fade et saline, elle n'a pas d'o-
deur. Un litre donne 3 gr. 55 de résidu solide très-fortement coloré.

Gaz dissous dans un litre d'eau.

Azote. . . . .   15^{cc}4
Acide carbonique. 14 5
Oxygène.   0   0
　　　　Volume total. . . . .   29^{cc}9

Analyse complète du résidu solide (analyse faite sur 2 lit.)

1er et 2e dépôts fortement colorés en vert par le manganate de chaux.

Silice. . . . .   0^{g}065
Alumine et fer. 0 037
Chaux. 0 400
Acide sulfurique 0 088
Magnésie. 0 058
Oxyde de manganèse. 0 008

3e dépôt (sels solubles).

Acide sulfurique. . . . .   0^{g}432
Chaux. 0 098
Magnésie. 0 136
Chlore. 2 692
Sonde. 4 472
Acide phosphorique. . . . .   *traces*
Potasse. . . . .   *traces*

On peut représenter de la manière suivante la composition d'un litre d'eau de la Seille en aval de Dieuze :

Silice. . . . .   0^{g}0305
Alumine et fer. 0 0185
Carbonate de chaux. 0 3015
Sulfate de chaux. 0 1990
Carbonate de magnésie. 0 0200
Sulfate de magnésie. 0 2040
Chlorure de sodium. 2 2160
Chlorure de manganèse. 0 0065
Sulfate de soude. 0 0175
Matière organique. 0 3000
　　　　Résidu total. . . . .   3^{g}3135

La quantité de matière organique s'élève à 0 gr. 300 par litre.

4. COMPOSITION DE L'EAU RECUEILLIE ENTRE MULCEY ET BLANCHE-ÉGLISE LE 2 JUILLET 1870 APRÈS MÉLANGE AVEC LES EAUX DE L'USINE.

Échantillon n° 3. — En même temps qu'il faisait prélever en aval de Dieuze, mais en amont des égouts de l'usine, l'eau n° 2 dont je viens de donner la composition, le juge de paix de Dieuze puisait lui-même sur les rives des prés submergés un échantillon d'eau en contact depuis quelques heures avec les eaux des bassins de l'usine qu'on avait vidés pendant la nuit. Cette eau constitue l'échantillon n° 3 ; en voici l'analyse :

L'eau puisée à Mulcey est nauséabonde ; blanchâtre quand on vient de l'agiter, elle est limpide au bout de quelque temps, le dépôt impondérable (soufre très-ténu et sulfate de chaux) qui la troublait s'étant précipité. Elle a comme les précédentes une saveur fade et saline.

Un litre de cette eau donne 2E gr. 5 de gaz composés de :

$$
\begin{array}{lr}
\text{Azote} \dots\dots\dots\dots\dots\dots\dots\dots\dots\dots\dots & 14^{cc}5 \\
\text{Acide carbonique} \dots\dots\dots\dots\dots\dots\dots & 15\quad 0 \\
\text{Oxygène} \dots\dots\dots\dots\dots\dots\dots\dots\dots\dots & 0\quad 0 \\
\hline
\text{Total} \dots\dots\dots & 29^{cc}5
\end{array}
$$

Un litre donne 4 gr. 700 de résidus solides. L'analyse y décèle la présence de sulfure de calcium et d'hyposulfite de chaux. Cette eau contient par litre :

$$
\begin{array}{lr}
\text{Sulfure de calcium} \dots\dots\dots\dots\dots\dots & 0.0027 \\
\text{Hyposulfite de chaux} \dots\dots\dots\dots\dots & 0.1120 \\
\text{Silice} \dots\dots\dots\dots\dots\dots\dots\dots\dots\dots & 0.0309 \\
\text{Alumine et fer} \dots\dots\dots\dots\dots\dots & 0.0480 \\
\text{Carbonate de chaux} \dots\dots\dots\dots\dots & 0.1927 \\
\text{Sulfate de chaux} \dots\dots\dots\dots\dots\dots & 0.4520 \\
\text{Carbonate de magnésie} \dots\dots\dots\dots & 0.0127 \\
\text{Sulfate de magnésie} \dots\dots\dots\dots\dots & 0.0305 \\
\text{Sel marin} \dots\dots\dots\dots\dots\dots\dots\dots\dots & 3.3800 \\
\text{Oxyde de manganèse} \dots\dots\dots\dots\dots & 0.0217 \\
\text{Sulfate de soude} \dots\dots\dots\dots\dots\dots & 0.0315 \\
\text{Acide phosphorique} \dots\dots\dots\dots\dots & \textit{néant.}
\end{array}
$$

Cette eau renferme, en outre, 0ᵍ,302 de matière organique, par litre.

Nous examinerons plus loin les analogies que présente la composition du sol du pré Bier avec la constitution de cette eau. Notons en passant sa richesse en sulfates terreux et alcalins.

Pour se rendre compte, d'un coup d'œil, de la différence qui existe entre l'eau de la Seille en aval de Dieuze, avant et après son mélange avec les eaux d'égout de la soudière, sous le rapport de la composition chimique, il suffit de rapprocher les nombres obtenus dans les deux analyses :

	Eau de la Seille avant contact avec l'usine.	Eau de la Seille mélangée aux eaux de l'usine.	Différence en $\pm$
Silice.................	0^g0305	0^g0309	$+$ 0^g0004
Alumine et fer........	0 9185	0 0480	$+$ 0 0205
Carbonate de chaux....	0 3027	0 1927	$-$ 0 1088
Sulfate de chaux......	0 1990	0 4520	$+$ 0 2530
Carbonate de magnésie.	0 0200	0 0127	$-$ 0 0075
Sulfate de magnésie....	0 2040	0 0305	$-$ 0 1735
Sel marin.............	2 2160	3 3800	$+$ 1 1640
Oxyde de manganèse ..	0 0065	0 0217	$+$ 0 0152
Sulfate de soude......	0 0175	0 0315	$+$ 0 0140
Acide phosphorique ...	traces	néant	néant
Matière organique.....	0 3000	0 3020	$+$ 0 0020
Sulfure de calcium.....	néant	0 0027	$+$ 0 0027
Hyposulfite de chaux...	néant	0 1130	$+$ 0 1130
	3^g3135	4^g5777	

Il résulte de l'inspection de ce tableau comparatif que la principale différence existant entre ces deux eaux réside dans la présence, bien qu'en faible proportion, de composés sulfurés dans l'eau de la Seille au moment de la vidange des bassins de l'usine, tandis qu'on n'en constate pas dans l'eau prise en amont des égouts de la fabrique. En second lieu, il y a une légère augmentation dans le poids des sulfates de chaux et de soude, du chlorure de sodium, de l'oxyde de manganèse, et une diminution correspondante dans les chiffres du carbonate et du sulfate de magnésie, ainsi que du carbonate de chaux, et des variations à peu près nulles dans les poids respectifs des autres substances.

La teneur des deux eaux en matière organique est identique.

5. COMPOSITION DE L'EAU DE LA SEILLE PUISÉE LE 1ᵉʳ JUILLET 1870 A 1 KILOM. EN AVAL DE DIEUZE.

Echantillon n° 4. — Le 1ᵉʳ juillet, au moment où l'on vidait les bassins de l'usine, le juge de paix de Dieuze a prélevé un échantillon d'eau à quelque distance de l'ouverture des canaux de l'usine dans la rivière. Cette eau qui m'a servi, comme on le verra plus loin, à une série d'expériences sur les poissons donnait par litre un résidu de 65 gr. 8 ; c'était, donc de l'eau des bassins très-peu diluée ; elle contenait par litre : .

Sulfure de calcium	0.101
Hyposulfite de chaux	2.516
Sulfate de chaux	2.527
Sulfate de soude	8.219
Chlorure de calcium	20.584
Chlorure de manganèse	17.542
Chlorure de sodium	11.120
Sulfate de magnésie	3.215
Total	65.824

Nous verrons plus loin quelles conséquences on peut tirer de cette analyse.

L'analyse de l'eau des bassins de l'usine et des différents résidus liquides qui se rendent de la fabrique dans la Seille, va nous fournir l'explication très-nette de ces divergences dans la composition de l'eau de la Seille prise en amont et en aval de l'usine.

6. ORIGINE ET NATURE DE L'EAU DES BASSINS DE L'USINE.

Les eaux dites des bassins sont le résultat définitif du procédé de dénaturation des résidus de soude introduit par M. Buquet dans l'usine de Dieuze, il y a quelques années. Sans entrer dans de longs détails au sujet du grand progrès réalisé par cette innovation, je rappellerai la série d'opérations qui conduit à la production de ces eaux.

Les charrées de soude, c'est-à-dire le résidu de la fabrication de la soude brute et les solutions acides de chlorure de manganèse prove-

nant de la fabrication en grand du chlorure de chaux, constituent pour
les usines qui les produisent un embarras considérable pouvant deve-
nir, à un moment donné, une cause de gêne et de dommage réel
pour le voisinage des usines. A la suite de recherches longues et déli-
cates, la direction des Salines de Dieuze a réussi à supprimer complétement tout inconvénient résultant de l'accumulation de ces résidus
alentour de l'usine. La méthode appliquée à Dieuze présente le
double avantage de détruire les substances nuisibles que renferment les
résidus en question, et de rendre à l'industrie des matières jadis per-
dues pour elle et qui sont loin d'être sans valeur. Voici, en quelques
mots, les différentes phases du procédé :

On arrose les charrées avec le chlorure de manganèse rendu neutre
par l'addition de chaux, on abandonne la masse à l'air pour l'oxyder ;
on la lessive méthodiquement et l'on obtient les eaux sulfurées, dites
eaux jaunes, contenant du soufre à l'état d'oxysulfure, de polysulfure
et d'hyposulfite de calcium. On neutralise le chlorure acide de manganèse par les eaux jaunes, et l'on régénère ainsi une grande partie du
soufre en utilisant en même temps la petite quantité d'hydrogène sulfuré provenant des polysulfures. Le fer et le manganèse sont préci-
pités à l'état de sulfures, desséchés et grillés. On lessive la masse
pour séparer le sulfate de manganèse de l'oxyde. En faisant réagir le
résidu sur le nitrate de soude, on obtient de l'acide nitrique ou du gaz
nitreux qu'on utilise dans la fabrique d'acide sulfurique. On sépare
par décantation le sulfate de soude qu'on fait ensuite cristalliser, de
l'oxyde de manganèse, qui peut être employé dans les verreries.

Le liquide résultant du traitement des eaux jaunes par le chlorure
acide de manganèse, séparé par décantation des sulfures de fer et
de manganèse, qui se précipitent dans cette opération, est ce que nous
avons appelé l'*eau des bassins.* Il me reste à faire connaître sa composition.

L'eau des bassins est limpide, très-légèrement jaunâtre, neutre et
d'une saveur saline désagréable ; elle est absolument dépourvue
d'odeur. Traitée par un acide, elle fait vivement effervescence et laisse
déposer du soufre en dégageant de l'acide sulfureux ; elle contient,
par conséquent, des hyposulfites. Abandonnée au contact de l'air, elle
prend une teinte opaline ; elle se mélange à l'eau ordinaire sans la trou-
bler ; ce n'est qu'au bout d'un certain temps que le mélange devient

laiteux. — L'eau des bassins décolore la teinture d'iode. L'analyse qualitative de ce liquide y décèle la présence du soufre à plusieurs états, de la chaux, de la soude, du chlore et du manganèse. Un litre donne un résidu solide de 78 gr. 5. L'analyse quantitative de cette eau présente quelque difficulté, à raison des divers états d'oxydation du soufre qu'elle contient; elle a été faite avec le plus grand soin, et je crois utile de donner la description des procédés analytiques auxquels nous nous sommes arrêtés.

Avant d'entreprendre la détermination des éléments de l'eau des bassins, j'ai désiré m'assurer des variations qui pouvaient survenir dans la composition de ce résidu; dans ce but je me suis fait envoyer à trois reprises différentes des eaux provenant, par conséquent, d'opérations indépendantes les unes des autres. Dans chacun des trois échantillons pris à l'usine le 20 juin, les 2 et 13 juillet 1870, j'ai déterminé la quantité de soufre mis en liberté par l'action des acides, et le titre sulfhydrométrique des eaux; voici les résultats de ces essais :

Pour un litre d'eau.	Eau du 20 juin.	Eau du 2 juillet.	Eau du 13 juillet.
Quantité de soufre mis en liberté par l'acide chlorhydrique, à chaud.....	3^g60	3^g61	3^g60
Soufre à l'état d'hydrogène sulfuré.....	0 0192	0 0193	0 0191

La concordance parfaite de ces dosages montre qu'il suffisait d'analyser une seule fois les eaux du bassin pour connaître exactement leur composition; elle indique en outre un dégré de constance remarquable dans les opérations industrielles.

7. COMPOSITION DE L'EAU DES BASSINS.

A. Dosage du soufre aux divers états. (Hydrogène sulfuré, sulfures alcalins, acide sulfurique, hyposulfite.)

a. Dosage de l'hydrogène sulfuré. — Dans un litre d'eau des bassins on fait passer, pendant 5 heures, un courant d'hydrogène sec et pur; on recueille dans une solution de nitrate d'argent ammoniacal les gaz qui s'échappent avec l'hydrogène; il s'est produit dans la solution d'argent un louche très-apparent dû à la formation de sulfure d'argent, mais le poids de ce dernier ne saurait être déterminé, la quantité de sulfure produite étant trop faible pour en permettre le dosage.

J'ai eu recours à la solution titrée d'iode pour doser l'hydrogène sulfuré et les sulfures alcalins. Le titre sulfhydrométrique a été déterminé avant et après le passage de l'hydrogène à froid dans l'eau des bassins.

10^{cc} d'eau des bassins avant passage d'hydrogène exigent..   12^{cc}40
de liqueur normale d'iode (12^{g}7 d'iode par litre)

10^{cc} —   après passage d'hydrog. exigent...   <u>12 28</u>

la différence..........   0^{cc}12

correspond à la quantité de soufre à l'état d'hydrogène sulfuré, soit par litre 0^{g}0192 de soufre à l'état de HS.

D'après ces nombres qui représentent la moyenne de trois essais tout à fait concordants, 1 litre d'eau contient 0 gr. 0192 de soufre à l'état de H S.

b. Dosage des sulfures. — On ajoute à 200^{cc} d'eau des bassins du protochlorure de zinc parfaitement neutre et pur ; on filtre à l'abri de l'air le précipité de sulfure obtenu, on lave rapidement le précipité et on le redissout dans l'eau régale ; on précipite ensuite la solution par le chlorure de baryum. On trouve ainsi, par litre, 0 gr. 1645 de soufre à l'état de sulfure.

c. Dosage du soufre total. — On oxyde le soufre de l'eau des bassins, en opérant sur 50^{cc}, par le chlore à froid en présence d'un grand excès de potasse pure. Il n'y a pas trace de soufre mis en liberté ; on filtre et on précipite par le chlorure de baryum. On trouve ainsi qu'un litre d'eau des bassins contient en tout 8 gr. 524 de soufre.

d. Dosage des hyposulfites. — Connaissant le poids du soufre total, celui du soufre combiné à l'hydrogène et aux métaux alcalins à l'état de sulfure, restait à déterminer le poids du soufre à l'état d'hyposulfite et celui de l'acide sulfurique. Voici le calcul qui conduit à la détermination du premier.

L'eau des bassins débarrassée de l'hydrogène sulfuré exige par litre (dosage *a*), liqueur normale d'iode................   1228^{cc}

Il faut retrancher de ce volume la quantité de liqueur normale d'iode correspondant au soufre des sulfures

$$\text{soit (dosage } b) : \frac{0^{g}1645}{0^{g}0016} = 102^{cc}8\dots \qquad \underline{102\quad 8}$$

et multiplier le nombre trouvé.....................   1125^{cc}2 par 0.0064, la décomposition de l'hyposulfite de chaux, par la teinture d'iode, étant représentée par la formule :

$$2 (CaO. S^2 O^2) + I = CaI + CaO. S^4 O^5,$$

un équivalent d'iode corrrespondant à quatre équivalents de soufre.

En effectuant le calcul, on trouve :

$$1125^{cc}2 \times 0.0064 = 7^g2013 \text{ de soufre}$$

à l'état d'hyposulfite de chaux. D'autre part, en faisant bouillir un litre d'eau des bassins avec de l'acide azotique, j'ai obtenu 3^g6 de soufre provenant de la décomposition des hyposulfites. Ce résultat confirme l'exactitude du dosage du soufre à l'état d'hyposulfite par l'iode, puisqu'on sait que les hyposulfites se décomposent sous l'influence des acides en abandonnant moitié du poids de leur soufre.

e. Dosage de l'acide sulfurique. — Si du poids du soufre total 8^g524 on retranche la somme des poids du soufre à l'état d'hydrogène sulfuré, de sulfures et d'hyposulfite, égal à . . . . 7^g3850
on trouve par différence le poids de l'acide sulfurique égal à 1^g1390

En résumé, de cette première partie de l'analyse résulte que les composés sulfurés existent dans l'eau des bassins à quatre états différents, dans les proportions suivantes :

Par litre.

1° Soufre à l'état d'hydrogène sulfuré.	0^g0192
2° Soufre à l'état de sulfure alcalin	0 1645
3. Soufre à l'état d'hyposulfite	7 2013
4° Soufre à l'état d'acide sulfurique (par diff.)	1 1390
Soufre total	8^g5240

B. Dosage du manganèse.

On fait passer dans 100^{cc} de l'eau des bassins un courant de chlore froid, en présence d'un excès de potasse caustique jusqu'à complète oxydation du soufre ; tout le manganèse se sépare ; on filtre, on dessèche, on calcine et l'on pèse le résidu qui est de l'oxyde salin de manganèse (Mn^3O^4). On trouve ainsi, par litre, 12 gr. 08 de manganèse correspondant à 27 gr. 67 de chlorure de manganèse. C'est la quantité de ce corps qui a échappé au traitement des chlorures acides par les eaux jaunes sulfurées dont nous avons parlé plus haut.

C. Dosage de la chaux.

On fait bouillir 100^{cc} d'eau des bassins avec de l'acide nitrique pur, on sépare, par filtration, le soufre déposé et l'on étend à 500^{cc} la liqueur filtrée. On dose la chaux sur 100^{cc} de ce liquide à l'aide de l'oxalate d'ammoniaque : on trouve ainsi, par litre, 21 gr. 88 de chaux.

D. Dosage du chlore.

Dans 100^{cc} de la liqueur précédente (eau des bassins traitée par l'acide azotique et filtrée), on dose le chlore par l'argent. On trouve, par litre d'eau des bassins, 34 gr. 060 de chlore.

E. Dosage de la magnésie et des alcalis.

L'eau des bassins débarrassée de la chaux et du manganèse est évaporée à siccité. On dose la soude à l'état de sulfate de soude. On constate l'absence de magnésie et de potasse.

On trouve, par litre, 1,6072 de soude.

L'eau des bassins renferme donc par litre :

Soufre à divers états.	8^{gr}524
Manganèse.	12 080
Chaux.	21 880
Chlore.	34 060
Soude.	1 607
	78^{gr}151

On peut représenter la composition de cette eau de la manière sui-vante :

Sulfhydrate de sulfure de calcium.	0^{gr}063
Sulfure de calcium.	0 327
Hyposulfite de chaux.	16 603
Sulfate de chaux.	1 756
Sulfate de soude.	3 220
Chlorure de calcium.	28 876
Chlorure de manganèse.	27 670
Eau	921 485
	1000^{gr}000

Le résidu d'un litre, obtenu par l'évaporation directe de l'eau, ne pèse que 76 gr. 680 ; cela s'explique par la perte d'une certaine quantité de soufre qui se dégage à l'état d'acide sulfureux comme l'indique la présence, dans la masse solide, de soufre en nature provenant de la décomposition d'une partie des hyposulfites.

Lorsque la fabrique de produits chimiques est en travail régulier, elle déverse, par 24 heures, dans la Seille environ sept mètres cubes d'eau des bassins ; soit par jour :

Sulfure et sulfhydrate de calcium.	2ᵏ730
Hyposulfite de chaux.	1 16 221
Sulfate de chaux.	12 292
Sulfate de soude.	22 540
Chlorure de calcium.	202 132
Chlorure de manganèse.	193 609
Total.	549ᵏ605

Quelque considérables que puissent paraître, à première vue, les chiffres précédents, il suffit d'un instant de réflexion pour se rendre compte que le poids des matières solides déversées dans la Seille par les égouts de la soudière est tout à fait insignifiant, eu égard à la masse d'eau à laquelle les résidus des bassins se mêlent, en temps d'inondation surtout.

Aux eaux des bassins viennent s'ajouter les eaux-mères des poêles d'évaporation et les schlotts extraits des chaudières dans la fabrication du sel ; ces résidus sont essentiellement composés de sel marin, de sulfates de chaux, de soude et de magnésie.

8. DOSAGE DU SOUFRE DANS L'EAU DE LA SEILLE PUISÉE LE 18 JUIN PAR LES EXPERTS, ET LE 28 JUIN PAR M. BROCARD, DE BLANCHE-ÉGLISE.

Pour terminer ce qui est relatif à l'analyse des eaux, il me reste à donner les dosages de sulfure dans l'eau de la Seille à des jours où les poissons paraissaient plus ou moins malades. Lors de la première visite d'expertise, le 18 juin 1870, j'avais pris moi-même un échantillon d'eau dans la Seille à l'endroit où je voyais quelques poissons à demi-asphyxiés venir à la surface chercher à respirer ; cette eau contenait 0 gr. 018 de sulfure de calcium.

Le 29 juin, M. Brocard, propriétaire à Blanche-Eglise, commune située en face de Mulcey, m'envoyait une bouteille contenant de l'eau puisée par lui, le 28 à midi ; les poissons mouraient en grand nombre dans l'endroit où cette eau a été puisée ; elle renfermait, par litre, 0ᵍ020 de sulfure de calcium. Je reviendrai plus loin sur la discussion de toutes ces analyses d'eau.

III. DES PLANTES DES PRÉS INONDÉS ET DES PRÉS NON INONDÉS.

M. le Juge de paix de Dieuze nous a transmis, sur notre demande, un échantillon moyen de fourrage du pré Bier et une autre d'un pré de bonne qualité n'ayant jamais été inondé. Nous avons déterminé à l'aide des caractères botaniques les principales espèces de ces deux sortes de récoltes; et nous avons ensuite procédé à l'analyse des fourrages.

1. DÉTERMINATION BOTANIQUE DES HERBES RÉCOLTÉES.

PRÉS NON INONDÉS.

1. Houque laineuse.
   (*Holcus lanatus, L.*)
2. Lorace vivace.
   (*Lolium perenne.*)
3. Mélique à une fleur.
   (*Melica uniflora.*)
4. Brize moyenne.
   (*Briza media.*)
5. Cerasette.
   (*Cerastium.*)
6. Chiendent.
   (*Agropyrum repens.*)
7. Festuque des prés.
   (*Festuca pratensis.*)
8. Renoncule rampante.
   (*Ranoncula repens.*)
9. Agrostis blanche.
   (*Agrostis alba.*)
10. Rhinante à petites fleurs.
    (*Rhinantus minor.*)
11. Hieracium des murs.
    (*Hieracium murorum.*)
12. Centaurée jacée.
    (*Centaurea jacea.*)

PRÉS INONDÉS.

1. Laiche des prairies aquatiques.
   (*Carex.*)
2. Arrache à larges feuilles.
   (*Atriplex latifolia.*)
3. Chiendent.
   (*Agropyrum repens.*)
4. Polygonum des oiseaux.
   (*Polygonum aviculare.*)
5. Jonc bulbeux.
   (*Juncus bulbosus.* — Forme des terrains salifères.)
6. Agrostis blanche.
   (*Agrostis alba.*)
7. Patience crispée.
   (*Rumex crispus.*)
8. Centaurée jacée.
   (*Centaurea jacea.*)
9. Divers carex.

A l'inspection des noms des plantes qui composent chacune des deux récoltes, on voit immédiatement quelle différence existe entre la flore des prairies inondées et celle des prés qui n'ont pas été sous l'eau. Dans les premières, toutes les légumineuses ont disparu, le jonc bulbeux et les carex ont pris leur place; sous le rapport botanique, il y a donc une incontestable supériorité en faveur des prairies qui n'ont pas été submergées. Au point de vue de leur composition chimique, les récoltes offrent également des divergences dignes d'être notées.

Le foin des prés non inondés est très-parfumé et se distingue facilement de celui des autres prairies à l'odorat seul.

2. ANALYSE DES DEUX SORTES DE FOIN.

a. Détermination du taux des cendres. — On a incinéré avec précaution dans le moufle à gaz, sur une feuille de platine, 100 g. de chacun des foins préalablement séchés à l'air et convenablement échantillonnés (tiges, feuilles et fleurs). On a trouvé ainsi :

	Cendres pour 100.
Foin submergé...	7.37
Foin non submergé...	7.78

L'analyse de chacune de ces cendres a été faite sur 10 grammes de cendres et elle a donné les résultats suivants :

	Foin submergé.	Foin non submergé.
Acide carbonique	16.49	16.22
Silice	29.80	21.82
Chaux	6.60	14.60
Magnésie.	3.20	2.53
Soude	13.39	9.72
Potasse	15.12	15.43
Acide sulfurique	2.48	7.24
Chlore.	10.26	7.83
Acide phosphorique	5.90	7.15
	103.24	102.54
A retrancher oxygène corrp. au chlore.	2.31	1.76
Total	100.93	100.78

On a, en outre, dosé l'azote dans les foins des deux prairies ; on a trouvé pour les prés non inondés 1.61 p. 0/0 d'azote correspondant à 10.06 p. 0/0 de substance azotée, et pour les prés submergés 1.37 p. 0/0 correspondant à 7.93 p. 0/0 de substance azotée.

On peut représenter de la manière suivante le groupement des divers principes que l'analyse a décélés dans les cendres des deux sortes de prairies :

	Prés submergés.	Prés non submergés.	Différence.
Silice..............	29.80	21.82	— 7.98
Chlorure de sodium..	16.92	13.10	— 3.82
Phosphate de chaux..	12.01	16.35	+ 4.34
Sulfate de chaux......	4.50	12.05	+ 7.55
Carbonate de magnésie.	5.02	6.01	+ 0.99
— de chaux...	—	2.08	+ 2.08
— de soude....	7.96	5.10	— 2.36
Carbonate de potasse.	23.20	23.31	+ 0.11
	99.41	99.82	

Il résulte de la comparaison de ces chiffres que l'herbe qui a cru sur les sols submergés contient moins d'azote et moins d'acide phosphorique que l'autre; elle a par conséquent une valeur nutritive moindre. Elle renferme plus de sel, autant de potasse, moins de sulfate de chaux et pas de carbonate de cette base.

Il existe jusqu'ici très-peu d'analyses de fourrages des prés salants, de sorte que la comparaison des résultats ci-dessus avec l'analyse des plantes récoltées dans des terrains analogues est à peu près impossible. Voici cependant quelques données qu'il n'est pas sans intérêt de rapprocher des chiffres précédents.

G. Lehmann a analysé un foin provenant des prairies salées de l'île de Pœhl, dans la mer Baltique; le foin a donné 7.7 p. 0/0 de cendres contenant 7.2 p. 0/0 d'acide phosphorique, 19.2 p. 0/0 de silice, 13 p. 0/0 de chaux, 12 p. 0/0 de soude et 29.2 p. 0/0 de potasse. Cette analyse, si l'on en excepte le chiffre de la potasse, se rapproche beaucoup de celle du foin des prés non submergés.

La grande différence que présente la composition du foin des prés de la Seille avec la composition moyenne des cendres du foin de bonne qualité se trouve dans la faible teneur en potasse des cendres des foins de Dieuze comparés à ceux-ci. Voici d'ailleurs la composition moyenne

des cendres de foin, calculée par E. Wolff à l'aide des analyses pu-
bliées jusqu'à ce jour :

Taux pour 100 des cendres, 7.78.

Silice	29.6
Chlore	8.0
Acide sulfurique	5.1
Acide phosphorique	6.2
Chaux	11.6
Magnésie	4.9
Soude	7.0
Potasse	25.6

Les écarts constatés dans la composition de ces deux fourrages ne
sont donc pas bien considérables.

Après avoir successivement étudié et décrit les sols, les eaux et les
récoltes de la vallée de la Seille et avant d'aborder la discussion des
faits consignés dans cette première partie de notre travail, je vais
résumer l'enquête du juge de paix sur l'état antérieur des prairies et
les constatations des experts dans leurs visites des lieux en juin 1870
et en juillet 1871.

IV. ENQUÊTE SUR L'ÉTAT ANTÉRIEUR DES PRAIRIES.

Sur la demande des experts, le juge de paix de Dieuze a procédé,
le 26 juillet 1870, à une enquête, auprès des anciens des lieux, sur
l'état des prairies de Mulcey et de Marsal antérieurement à l'année 1870.
On trouvera à la fin de cette étude, à titre de pièce justificative, le
texte même de l'enquête dont nous allons indiquer les points principaux. Le pré du Landremont dont il est fréquemment question dans
cette enquête, est celui que j'ai constamment désigné, jusqu'à présent,
sous le nom de pré Bier, du nom de son propriétaire actuel.

Les dépositions des cultivateurs entendus par le juge de paix de
Dieuze peuvent se résumer comme suit :

Déposition du sieur Porgeron : locataire de 1853 à 1855, il a
fait de bonnes récoltes; ces trois années n'ont été ni trop sèches ni

trop humides; l'étang de Lindre a été vidé une fois pendant cette période.

Déposition du sieur Barbelain; identique à celle de Porgeron dont il était le co-locataire.

Déposition du sieur Clasquin : locataire de 1840 à 1855, Clasquin dit que le pré du Landremont n'a jamais été submergé que passagèrement; la récolte était bonne. Quand l'inondation se prolongeait pendant une partie de l'hiver, la récolte était médiocre; là où l'eau séjournait durant presque toute l'année, la récolte valait à peine la fauchaison.

Déposition du sieur Clément (François) : locataire du pré du Landremont de 1855 à 1857, il a fait de bonnes récoltes; il n'y a pas eu d'inondation pendant cette période.

Déposition du sieur Clément (Louis) : locataire pendant 9 ans (1853 à 1862) du pré des Grands-Rouaux, il a toujours fait bonne récolte, même l'année qui a suivi une inondation prolongée.

Déposition du sieur Xardel : exploite depuis 40 ans les prés de Mulcey; a toujours fait de bonnes récoltes, même après les inondations. Depuis trois ans, les récoltes sont mauvaises, les plantes acides prennent le dessus.

Déposition du sieur Clément (Christophe) : locataire pendant 9 ans, a fait de bonnes récoltes, excepté pendant les deux années où la Seille a couvert durant plusieurs mois les prairies.

Déposition du sieur Untereiner : exploite depuis 10 ans le pré des Hospices, a toujours fait de bonnes récoltes, excepté en 1870.

Déposition du sieur Barbier : co-locataire d'Untereiner, dit que les récoltes, depuis dix ans, ont été bonnes, à l'exception de la récolte de 1869; la récolte de 1870, moins abondante que les précédentes, est bonne sous le rapport de la qualité.

Il n'est pas facile, on le voit, de tirer des conclusions absolues des réponses plus ou moins contradictoires des déposants; il semble ressortir, cependant, de l'ensemble de ces dépositions que la submersion prolongée des prairies par les eaux de l'étang a toujours eu pour résultat, depuis quarante années, de diminuer la valeur des récoltes sous le double rapport de la qualité et de la quantité des fourrages.

M. Buquet, directeur de la Compagnie des Salines, interrogé par les experts, sur la nature des eaux déversées depuis 1840 jusqu'à ce jour par l'usine dans la rivière, a répondu que de 1840 à 1863, la soudière déversait dans la Seille les eaux acides contenant du chlorure de fer, du chlorure de manganèse et 5 à 6 pour 100 d'acide chlorhydrique libre. Depuis 1863, date de la première application des procédés de dénaturation des eaux acides, dont il a été question plus haut, la soudière n'envoie plus à la rivière que des eaux complétement neutres et présentant la composition moyenne que nos analyses assignent à l'eau dite des Bassins.

V. ÉTAT DES PRÉS INONDÉS ET NON INONDÉS.

(Juillet 1870 et juillet 1871.)

Nous nous sommes rendus à Dieuze, MM. Rougieux, Thiry et moi, le 18 juin 1870, pour examiner l'état des récoltes dans les prés Bier, Hazotte, Pardieu, situés à Mulcey, submergés pendant tout l'hiver de 1869 à 1870. Nous avons trouvé le sol presque complétement dénudé de plantes et recouvert, par places, d'efflorescences blanchâtres et de vase ; les légumineuses avaient disparu pour faire place aux carex, au jonc bulbeux, aux plantes acides énumérées précédemment. Les bas-fonds paraissaient surtout fort compromis. Les bords de la Seille offraient un bien meilleur aspect; l'herbe y était assez épaisse, très-verte et semblait avoir peu souffert de l'inondation. Il en était de même des parties un peu élevées des prairies. Nous avons parcouru, en longeant les bords de la Seille, les prés du sieur Clément et de veuve Broche, et nous nous sommes rendus ensuite à Moyenvic dans le pré appartenant au sieur Spitt. Partout, nous avons constaté les mêmes caractères généraux : disparition des légumineuses qui constituent ce qu'on nomme la garniture des prairies, nombreuses places dénudées, efflorescences blanchâtres; en un mot, dans tous ces prés des récoltes très-médiocres.

Pour avoir un terme de comparaison, nous avons ensuite visité la prairie de Lesey, appartenant à M. Desmoyens, située dans un point que n'ont jamais atteint les eaux de la Seille mélangées aux déjections de l'usine. Le sol de ce pré, dont j'ai précédemment fait connaître la nature géologique et chimique, ressemble beaucoup, à son degré de salure près, aux sols des prés Bier et Spitt ; il avait sous le rapport de la récolte un aspect identique à celui de ces derniers ; taches blanchâtres, dénudation, destruction des légumineuses, tout y rappelait les prairies de Mulcey. Un peu au-dessous et confinant à ce pré de M. Desmoyens, se trouve la prairie désignée dans le cours de cette étude sous le nom de bon pré de Lesey. Elle diffère de l'autre du tout au tout ; l'herbe y est vigoureuse, les composées et les légumineuses s'y rencontrent en grand nombre ; pas de places dénudées.

Le 23 juillet 1871, nous avons de nouveau parcouru les diverses prairies visitées par nous l'année précédente ; bien qu'il y ait eu inondation partielle des prés situés en face de Mulcey cette année comme en 1870, nous avons constaté une amélioration sensible dans l'état des prés Bier, Hazotte, Pardieu ; là où, en 1870, la récolte était nulle, nous avons trouvé la prairie réparée, garnie de graminées et de légumineuses. Les racines et les semences n'avaient par conséquent pas été détruites par la sécheresse extrême succédant à l'inondation de 1869-70, ni par les eaux de la soudière. Dans les parties fauchées depuis quelque temps, tout semblait promettre une belle coupe de regain.

Dans les prairies encore submergées à la date du 23 juillet 1871, ou récemment débarrassées de l'eau qui les couvrait, la réparation était à peu près nulle ; les joncs, l'arrache et quelques plantes aquatiques composaient toute la récolte. La submersion prolongée de ces parties basses n'avait pas permis aux plantes fourragères de reparaître et leur absence ne pouvait être attribuée à la nature des eaux qui avaient submergé les prairies dans l'hiver de 1869-70, puisque, dans les parties magnifiques le 23 juillet 1871, débarassées des eaux à ce moment, il n'y avait le 18 juin 1870 aucune récolte.

Le pré de M. Desmoyens, à Lesey, nous offrit quelque chose de tout à fait comparable : les parties qui n'avaient pas été sous l'eau (ce pré a été momentanément inondé en 1870-71 par le canal des Salines, exempt des eaux d'égouts de l'usine), se couvraient comme les prés de Mulcey, d'une végétation nouvelle de bonne qualité (graminées et légumineuses), tandis que les points longtemps submergés étaient à peu près identiques aux prés Bier, Hazotte et consorts après l'inon-

dation de 1869-70. Le bon pré de Lesey donnait en 1871 comme
en 1870 une récolte excellente. Cette année (1871), pas plus que
l'année précédente, il n'avait à aucun moment été inondé.

VI. DISCUSSION DES ANALYSES DES SOLS, DES EAUX ET DES PLANTES.

Je me suis borné jusqu'ici à enregistrer, sans les commenter, les
résultats numériques fournis par les analyses d'eaux, de sols et de
plantes. Le moment est venu de discuter ces résultats et d'en tirer
des conclusions relativement à l'expertise qui nous a été confiée.

Les eaux de la Seille seules ou mélangées aux égouts de la soudière de Dieuze peuvent-elles exercer une action nuisible sur les
prairies qu'elles submergent en raison de la nature chimique des matières qu'elles tiennent en dissolution ?

Si la nature chimique des eaux qui inondent les prairies de la vallée
de la Seille ne nuit pas aux prairies, à quelles causes faut-il attribuer
la mauvaise récolte de 1870 ?

Telles sont les deux questions dont je vais aborder rapidement
l'examen et pour la solution desquelles les lecteurs de ce mémoire
ont d'ailleurs sous les yeux tous les éléments nécessaires.

1. EAU DE LA SEILLE EN AMONT DE DIEUZE ET EN AVAL, AVANT MÉLANGE AVEC LES ÉGOUTS DE LA SOUDIÈRE.

Il résulte des analyses de l'eau de la Seille, non encore souillée
par les déjections de la Saline, que cette eau est très-chargée en matières minérales ; qu'elle contient, suivant les points où on l'examine, de
2 à 10 grammes de sel marin par litre et beaucoup de sulfates, faits
qu'explique très-bien la nature géologique des terrains que traverse
la Seille. L'eau prise en amont de Dieuze, le 28 juin 1870, contenait
un peu d'hydrogène sulfuré provenant sans aucun doute de l'action
réductrice de la matière organique sur les sulfates. Des sources salées
viennent en divers points déboucher dans le lit même de la Seille,
comme l'indique sa richesse très-inégale en sel marin et par suite de
son degré de salure, de sa forte teneur en sels de chaux, de soude et

de magnésie, cette eau en séjournant longtemps en couches plus ou moins épaisses sur des terrains imperméables doit abandonner à la surface du sol, surtout dans les grandes sécheresses comme celles qui ont marqué l'été de 1870, une partie des matières solides qu'elle tient en dissolution. Aucun des principes contenus dans cette eau ne semble de nature à agir à l'instar d'une matière toxique sur les plantes avec lesquelles elle se trouve en contact.

2. EAU DE LA SEILLE APRÈS MÉLANGE AVEC LES RÉSIDUS DE LA SOUDIÈRE.

Alors que l'usine de Dieuze déversait dans la Seille, comme c'était le cas jusqu'en 1863, des dissolutions de chlorures de fer et de manganèse plus ou moins acides, il eût été intéressant d'étudier l'action de ces eaux sur les plantes des prairies inondées et peut-être, si l'état de dilution sous lequel les eaux des bassins arrivent en contact avec les prés ne l'eût empêché, ce qui est probable, eût-on pu constater quelque action due à l'acide chlorhydrique libre. Aujourd'hui, le seul effet sensible résultant du mélange des eaux des bassins avec les eaux de la Seille est la production d'une certaine quantité de sulfate de chaux venant s'ajouter à celui que contient déjà la rivière, et le dépôt d'un peu d'oxyde de manganèse. La complète neutralité des eaux des bassins, l'absence de métaux nuisibles aux végétaux dans les déjections de l'usine, le chiffre, relativement minime, des matières déversées dans la Seille par la soudière, tout enfin s'accorde à montrer que les résidus de la fabrique ne peuvent exercer aucune action nuisible sur les prairies; d'ailleurs, si les matières introduites dans la rivière par les canaux de la fabrique de produits chimiques exerçaient une influence fâcheuse sur l'herbe des prairies, les berges de la rivière devraient en souffrir plus que tous les autres points des terres riveraines; or, c'est le contraire de ce qui a lieu. Nulle part en 1870 l'herbe n'était aussi vigoureuse, le sol aussi bien garni que le long de la rivière, ce qu'explique parfaitement la grande sécheresse de l'été 1870; ces parties étaient, en effet, les seules qui fussent maintenues dans un état convenable d'humidité, et loin de nuire à l'herbe, l'eau de la Seille, à cette époque, bien qu'elle reçût tous les jours les résidus de la Saline, en entretenait la vigueur et la croissance.

L'état identique, en 1871 comme en 1870, de la prairie de Lesey et des prés Bier, Hazotte et consorts vient confirmer tout à fait cette manière de voir. Dans l'année sèche (1870) les prés salés de Mulcey qui avaient été inondés, comme les prairies salées de Lesey que l'eau n'avait pas submergées ont donné des récoltes à peu près nulles. En 1871, année relativement humide, au contraire, les mêmes prés ont donné de bonnes récoltes, et comme nous l'avons constaté sur place, le 23 juillet 1871, la garniture repoussait dans les prés de Mulcey, comme à Lesey, ce qui prouve que l'eau de la Seille, malgré son séjour prolongé n'avait point détruit les racines et les semences des herbes de bonne qualité. En un mot, de l'examen des lieux et de l'analyse des eaux de la Seille mélangées aux résidus de l'usine, résulte cette conclusion qu'il faut chercher la cause de la mauvaise récolte de 1870 ailleurs que dans la nature chimique des eaux qui ont recouvert les prés de la vallée de la Seille pendant l'hiver de 1869.

Je suis amené ainsi, après avoir répondu négativement à la première question que nous nous étions posée, à aborder la discussion des analyses du sol et des récoltes.

3. SOLS ET RÉCOLTES.

Ce qui frappe tout d'abord, c'est que partout où la récolte a été médiocre en 1870, le sol est extrêmement riche en sel marin (v. p. 15). Les deux bonnes prairies non inondées qui confinent sur les territoires de Lesey et de Mulcey aux prés de mauvaise qualité contiennent respectivement à l'hectare, 10 kil. et 78 kil. de sel marin. Le moins riche, en chlorure de sodium, des mauvais prés en renferme plus de 360 kil. à l'hectare; dans l'un d'eux il y en a jusque 16 tonnes. Tous ces prés reposent sur une nappe d'eau salée située à moins d'un mètre de la surface du sol; l'argile se fendillant fortement par le retrait qu'occasionne la sécheresse, il se fait alors, par capillarité, un appel considérable d'eau salée à la surface; cette eau, en s'évaporant abandonne le sel qu'elle tenait en dissolution et qui vient ainsi s'ajouter au sel déjà existant dans la terre.

Il arrive alors que, au moment où, par suite du retrait des eaux, les racines des plantes et les graines qui n'ont pu végéter pendant leur submersion pourraient recommencer à croître ou à se développer, la végétation est arrêtée par l'excès de sel qui s'oppose à toute recrudescence de végétation jusqu'à ce que les pluies ou une nouvelle inondation aient lavé le sol. Si, au lieu d'une sécheresse extrême et prolongée, comme celle qui a marqué l'année 1870, on a affaire à une température relativement humide et basse comme celle des mois d'avril, mai et juin 1871, le développement des graines se fait bien, les causes d'augmentation dans la salure du sol ayant disparu. C'est ce que nous avons observé de la manière la plus frappante dans notre expertise de 1871.

Tous les agriculteurs connaissent les effets désastreux de la submersion prolongée des prairies, *quelle que soit d'ailleurs la nature des eaux submergeantes*, surtout lorsqu'une sécheresse exceptionnelle succède à l'inondation prolongée. Ce n'est pas à Dieuze et à Moyenvic seulement qu'on a pu constater la fâcheuse influence de la sécheresse venant après l'inondation; nous avons, M. Thiry et moi, visité un certain nombre d'autres prairies de la Meurthe où, bien qu'à un degré moindre (en raison sans doute de la nature différente du sol), les légumineuses et les graminées avaient disparu pour faire place aux herbes acides, comme cela a eu lieu à Mulcey, à Marsal et à Moyenvic. Tout porte à croire qu'en 1871, si l'année avait été aussi sèche que la précédente, nous aurions eu à constater d'aussi mauvaises récoltes qu'en 1870 dans les prés à expertiser.

En résumé, la submersion prolongée des prairies de Mulcey, Marsal et Moyenvic, la sécheresse extrème qui lui a succédé, jointe à la nature du sol et à la présence d'une nappe d'eau salée peu au-dessous de la surface, sont pour nous les seules causes de la mauvaise récolte de 1870.

L'analyse du fourrage montre que la récolte des prés inondés, inférieure en quantité à celle des autres prairies, ne l'est pas moins sous le rapport de la qualité, les deux principes nutritifs par excellence, l'azote et le phosphate de chaux, étant moins abondants dans le foin des prés submergés que dans celui des bonnes prairies.

Nul doute, à nos yeux, que le curage et le faucardage de la Seille, effectués en temps utile, n'apportent un remède radical au mal dont se plaignent les riverains de la Seille. Les inondations se produiraient peut-être encore, mais les submersions prolongées disparaîtraient et l'effet fâcheux du séjour des eaux sur les prairies serait sensiblement atténué, sinon complétement détruit.

Il nous reste maintenant à examiner l'action des eaux sur les poissons.

VII. EXPÉRIENCES·SUR LA MORTALITÉ DES POISSONS.

Lors de notre première visite aux prairies submergées, le 18 juin 1870, M. le Juge de paix de Dieuze a appelé mon attention sur les causes qui pouvaient amener la mort brusque des poissons sur une certaine étendue du cours de la Seille, à des jours donnés. Tout en me déclarant qu'aucune plainte n'était déposée à ce sujet par les riverains de la Seille, il m'a prié d'examiner sous ce point de vue spécial la composition des eaux de la rivière et de joindre à notre rapport d'expertise le résumé de mes observations. Le jour même, il m'a montré des poissons morts, flottant à la surface de l'eau. Avant d'entreprendre les expériences consignées plus loin, j'ai recherché ce qui avait été écrit jusqu'ici à ce sujet et n'ayant trouvé dans les publications antérieures aucune explication satisfaisante de ces accidents assez fréquents dans les environs de Dieuze, j'ai résolu d'étudier expérimentalement la question.

L'absence d'oxygène dans les eaux de la Seille, constatée par les analyses que j'ai rapportées précédemment, suffirait à première vue pour expliquer la mort des poissons par l'asphyxie, mais j'ai cru devoir ne pas me contenter de cette hypothèse et rechercher si l'eau de la Seille, à certains moments, ne contient pas des matières toxiques susceptibles d'accélérer la mort par asphyxie, résultant de la disparition de l'oxygène sous l'influence des sulfures.

Le programme des expériences à faire était tout tracé par les résultats mêmes des diverses analyses d'eaux de la Seille et d'eau des bassins de l'usine : et cela d'autant mieux, que c'est généralement quelques heures après le déversement dans la rivière des résidus liquides de la Saline qu'on observe la mort des poissons. En quittant Dieuze le 18 juin, j'avais prié M. le Juge de paix de me faire expédier vingt-cinq à trente litres d'eau puisée dans la Seille au premier jour où viendrait à se produire d'une façon notable l'asphyxie des poissons. Le 3 juillet suivant, je reçus dans des vases en verre bien bouchés de l'eau puisée la veille dans le voisinage du lieu où mouraient le lendemain en quantité des poissons, très-vivaces quelques heures auparavant. L'envoi de cette eau était suivi d'une lettre du Juge de

paix de Dieuze, en date du 2 juillet, d'où j'extrais le passage suivant :
« Ce matin sur les lieux, à Mulcey, au point où la canne du moulin de Bour se jette dans la Seille, à 9 heures, j'ai vu une grande quantité de poissons, morts, mourants ou tellement malades, qu'on pouvait les prendre à la main. La plupart de ces poissons étaient dans des eaux profondes, relativement fraîches, de sorte qu'on ne peut attribuer leur mort à une température excessive. Je livre ce fait à vos appréciations sans en tirer aucune conclusion personnelle. »

L'eau prise le 2 juillet dans les conditions qu'indique cette lettre était légèrement opaline, elle possédait une saveur sulfureuse et nauséabonde. L'étiquette du vase qui la contenait portait la mention suivante : « Eau recueillie à un kilomètre en aval de Dieuze le 1er juillet 1870 à 3 heures après-midi. Cette eau qui était d'un blanc laiteux très-prononcé a été puisée au moment même où la Saline achevait de déverser dans la Seille le résidu liquide des bassins ; la cruche a été fermée et scellée sur-le-champ. Il doit y avoir une analogie à peu près complète entre cette eau et celle que je vous ai adressée dans le vase n° 3 (Voir l'analyse de l'eau n° 3, p. 22). Seulement je crois que celle ci est plus saturée de déjections chimiques. »

Par le rapprochement des dates, il était vraisemblable que l'eau qu'on m'adressait avait exercé sur les poissons une action toxique, je fis donc avec soin l'analyse complète de cette eau à laquelle je trouvai une grande analogie de composition avec l'eau des bassins même dont elle n'est en réalité qu'une solution peu étendue.

Il n'est pas inutile de placer en regard l'une de l'autre les analyses de ces deux liquides :

	Un litre d'eau des bassins contient :	Un litre d'eau de Seille (1 juillet) contient :
Sulfhydrate de sulfure de calcium...	0ᵍ063	0.000
Sulfure de calcium	0 327	0.101
Hyposulfite de chaux	16 603	2.516
Sulfate de chaux	1 756	2.527
Sulfate de soude	3 520	8.219
Chlorure de calcium	28 876	20.584
Chlorure de manganèse	27 670	17.542
Chlorure de sodium	»	11.120
Sulfate de magnésie	»	3.215
Résidu total par litre	78ᵍ515	65.824

L'hyposulfite de chaux, le chlorure de calcium et le chlorure de manganèse existent en quantités bien moindres dans l'eau puisée dans la Seille le 2 juillet, que dans l'eau des bassins. Ces sels se sont décomposés au contact de l'eau de la rivière, il s'est déposé du sulfate de chaux et de l'oxyde de manganèse, substances tout à fait inoffensives.

Les quantités assez considérables de sel marin, de sulfate de soude et de sulfate de magnésie qu'on rencontre dans l'eau du 2 juillet, proviennent principalement des eaux des poêles d'évaporation qui se rendent dans le même canal que les résidus liquides des bassins.

Etant connue la composition de l'eau qui, selon toute probabilité, occasionnait la mort des poissons, il s'agissait de déterminer à quelle substance en particulier devait être attribuée cette mort : avant d'expérimenter isolément sur chacun des principes supposés toxiques à certaines doses, j'ai entrepris une première série d'expériences dans laquelle j'ai employé :

1° L'eau de la Seille puisée en aval de Dieuze mais avant contact avec les égouts de la Saline n° 3 (Voir page 21, sa composition).

2° L'eau de la Seille, n° 4, recueillie le 2 juillet, pure ou étendue d'eau de source.

3° L'eau puisée en aval de Dieuze, n° 3, plus ou moins additionnée d'eau puisée le 2 juillet (Eau n° 4).

Dans la deuxième série j'ai essayé successivement l'action sur les poissons d'un certain nombre de sels dissous dans l'eau pure.

1. CONDITIONS GÉNÉRALES DE CES EXPÉRIENCES.

Toutes les expériences ont été faites sur des tanches du poids de 70 à 90 grammes. J'ai choisi à dessein ce poisson, qui est très-résistant et vit dans les eaux peu profondes, peu courantes et souvent marécageuses. Les tanches destinées à ces expériences vivaient depuis quelques jours dans la pièce d'eau de la Station et je me suis assuré qu'elles étaient toutes vivaces et bien portantes. Chacune des expériences a été faite dans un aquarium à parois de verre, d'une contenance de dix litres environ, par conséquent suffisamment grand pour que les poissons puissent circuler librement. On a noté chaque fois exactement la durée de l'expérience, la température de l'air et celle de l'eau de l'aquarium. L'eau du second aquarium, qui servait à placer les tanches avant et après l'expérience, avait toujours une température très-voisine de celle de l'eau à expérimenter. Dans toute cette série d'expériences, on n'a dosé dans l'eau employée que les sulfures, la seconde série étant destinée à étudier isolément, comme je l'ai dit, chacun des principes des eaux suspectes. La méthode employée est celle qui a servi aux analyses rapportées précédemment, c'est la méthode sulfhydrométrique à laquelle les chimistes ont d'ordinaire recours pour doser de petites quantités de soufre dans les liquides sulfurés.— Ces expériences ont été faites du 3 au 12 juillet 1870.

2. PREMIÈRE SÉRIE D'EXPÉRIENCES.

Expérience I. — 9 litres d'eau de la Seille puisée le 2 juillet, sans aucune addition. — Température de l'air, 25°. Temp. de l'eau, 18°5.

Commencement de l'expérience : $2^h5'0''$. On place dans l'aquarium deux tanches vivaces pesant chacune 70 grammes. Elles s'agitent, plongent et reviennent à la surface à $2^h5'47''$; elles sont toutes deux asphyxiées et couchées sur le flanc. On les retire immédiatement de l'aquarium et on les place dans un autre vase contenant de l'eau du laboratoire à 19°. Après 7'' les tanches reviennent à elles; au bout de 10'' elles sont dans leur état normal.

Expérience II. — 9 litres d'eau du 2 juillet. — Temp. de l'air, 25°. Temp. de l'eau, 18°5.

A $2^h11'30''$ on met une tanche (n'ayant pas servi) dans l'aquarium. A $2^h12'20''$ asphyxie manifeste; on la laisse dans l'aquarium jusqu'à $2^h16'$; elle y a donc séjourné en tout pendant 4'30''; l'asphyxie paraît complète, l'animal pendant ce court laps de temps, avait inspiré à la surface de l'eau un peu d'air; à cinq ou six reprises différentes il avait plongé, après chaque inspiration, puis se retrouvait presqu'instantanément sur le flanc à la surface de l'aquarium. A $2^h16'$, quand on le retire, il paraît mort. On le place dans de l'eau de source fraîche (17°), il reste sans mouvement jusqu'à $2^h17'$, à ce moment, il recommence à respirer et à nager; la vie revient, la tanche semble sauvée : mais cette vigueur apparente ne dure pas longtemps. A $2^h26'$, l'animal tombe au fond de l'eau et y reste immobile; à $2^h35'$, c'est-à-dire 24' après le commencement de l'expérience, l'animal est mort. L'autopsie est faite immédiatement, tous les organes semblent à l'état physiologique; les feuillets des branchies seuls ont subi une modification, ils sont décolorés et collés les uns aux autres.

Expérience III. — Mêmes conditions générales que dans l'exp. II.

Une tanche vivace du poids de 90ᵍ est placée dans l'aquarium à 2ʰ22'45". Elle est sur le flanc à la surface de l'eau à 2ʰ23'37", elle fait encore quelques mouvements par suite de la respiration inconsciente qu'elle doit à sa position à la surface de l'aquarium et meurt à 2ʰ45', c'est-à-dire 23' après son entrée dans l'aquarium. A l'autopsie, mêmes caractères que ci-dessus; organes à l'état normal, sauf la décoloration complète des branchies dont les feuillets sont appliqués les uns sur les autres.

Expérience IV. — 9 litres d'eau de la Seille sans mélange avec les eaux de la Saline. — Temp. de l'air, 25°. Temp. de l'eau, 18°.

A 2ʰ5', on met dans l'aquarium deux tanches de tous points comparables à celles qui ont servi aux expériences I, II et III. Elles sont très-vivaces, respirent librement et ne manifestent pas le moindre malaise. On les laisse dans l'aquarium jusqu'au lendemain matin. Elles sont toujours dans le même état de vigueur et de santé.

De ces quatre premières expériences, il résulte clairement que l'eau de la Seille puisée en aval de Dieuze, c'est-à-dire contenant toutes les impuretés qu'y amènent les égouts de la ville, mais n'ayant pas reçu encore les résidus des Salines, n'exercent aucune action nuisible sur les poissons, tandis que l'eau de la rivière prise à quelques centaines de mètres plus loin, le 2 juillet, tue presqu'instantanément les poissons qu'on y place.

Il n'était pas sans intérêt d'essayer de déterminer directement l'influence que la dilution de l'eau puisée le 2 juillet par de l'eau pure pouvait exercer sur la rapidité de l'action toxique de cette eau, et de préciser la limite inférieure à laquelle les composés sulfurés cessent d'être mortels. J'ai, dans ce but, institué les expériences V, VI, VII, VIII et IX. Nous avons, de plus, déterminé exactement, mon ami, M. le Dʳ Léon Parisot et moi, dans le cours de cette série d'expériences, les variations survenues dans les mouvements respiratoires des poissons soumis à ces essais.

Expérience V. — L'aquarium contient dix litres d'eau du laboratoire additionnée d'eau puisée le 2 juillet. — Temp. de l'air, 25°. Temp. de l'eau, 18 .

A 4ʰ10′, on place dans l'aquarium ne contenant encore que l'eau du laboratoire, une des tanches de l'expérience IV, parfaitement vivace. On ajoute lentement et progressivement une certaine quantité d'eau puisée le 2 juillet, jusqu'à ce qu'on s'aperçoive que la tanche commence à respirer difficilement, les mouvements de déglutition diminuant : à ce moment, on arrête l'addition d'eau de la Seille ; l'animal vient chercher l'air à la partie supérieure de l'aquarium et bientôt ne quitte plus la surface de l'eau. A 9ʰ45′, la tanche qui n'a pas cessé de rester en haut du vase semble moins vigoureuse qu'au début de l'expérience, mais elle ne donne aucun signe d'asphyxie. On prend alors le titre sulfhydrométrique de l'eau de l'aquarium, on trouve qu'elle contient, par litre : 0ᵍ059 de soufre à l'état de sulfure de calcium, soit 0ᵍ1332 CaS. On ajoute alors un litre d'eau du laboratoire et un litre d'eau de la Seille ; à 10ʰ35′, la tanche est sur le flanc, l'asphyxie commence ; on la retire immédiatement et on la met dans l'eau fraîche du laboratoire, à minuit elle vit encore mais sans paraître vigoureuse : le lendemain matin on la trouve crevée. L'eau prélevée à 10ʰ35′, au moment où l'asphyxie devenait manifeste, contenait 0ᵍ088 de soufre à l'état de sulfure, soit 0ᵍ198 CaS.

Expérience VI. — Cette expérience a pour but de constater si, en amenant l'asphyxie par additions successives d'eau du 2 juillet à de l'eau pure et en soustrayant l'animal à l'action du mélange aux premiers signes d'asphyxie on parviendra, comme dans l'expérience I, à le ramener à la vie.

L'aquarium contient 10 litres d'eau à la temp. de 18° ; c'est un mélange d'eau du laboratoire avec de l'eau puisée le 2 juillet. L'expérience commence à 9ʰ45′. On place dans l'aquarium une tanche trèsvivace. Aucun symptôme de malaise ne se manifestant, on ajoute à 9ʰ55′ de l'eau de la Seille ; au bout de 10′ la tanche est toujours vivace, elle semble un peu agitée, à 10ʰ5′ on ajoute une nouvelle quantité d'eau de la Seille. Toujours aucun symptôme d'asphyxie, à 10ʰ16′ nouvelle addition d'eau : la tanche est bientôt sur le flanc ; on la retire rapidement. On la place dans l'eau exempte de tout mélange du laboratoire, elle revient à elle au bout de 2′ ; à minuit elle est assez vivace ; le lendemain matin à 7ʰ, on la trouve morte.

L'eau dans laquelle elle se trouvait au moment ou l'asphyxie a commencé à se manifester est analysée; elle contient, par litre, 0ᵍ1808 de soufre à l'état de sulfure.

Cette expérience prouve que le contact prolongé de l'eau de la Seille n° 4, avec les organes de la respiration, amène des accidents autres que l'asphyxie, puisqu'on ne réussit pas à ramener le poisson asphyxié à la vie comme cela a eu lieu dans l'expérience I, après un séjour de quelques secondes dans le milieu vénéneux.

L'autopsie ne décèle pas de lésions autres que celles déjà indiquées, savoir : application et décoloration des feuillets.

Expérience VII. — Eau du laboratoire additionnée depuis la veille d'une certaine quantité d'eau des bassins. (11 juillet 1871.)

L'eau de la Seille puisée le 2 juillet contient par litre 0ᵍ101 de sulfure de calcium (V. p. 43). On a ajouté, par tâtonnement, à dix litres d'eau du laboratoire une quantité d'eau des bassins suffisante pour donner au mélange un titre sulfhydrométrique très-voisin de celui de l'eau prise le 2 juillet entre Mulcey et Blanche-Eglise, au moment de l'asphyxie des poissons.

Les tanches qui ont servi à cette expérience et aux suivantes étaient depuis le 3 juillet dans la pièce d'eau de la Station, dont la température s'élevait à 24°, celle de l'air étant égale à 28°. Les tanches sont toutes très-vivaces.

L'eau de l'aquarium contient 0ᵍ082 de sulfure de calcium. Sa température est de 19°. A 4ʰ30′30″, on y place une tanche, elle éprouve un malaise manifeste; le nombre des mouvements respiratoires qui était de 66 à la minute dans l'eau pure s'abaisse à 36. A six heures et demie on place l'aquarium à la cour. A minuit la tanche vit encore, elle respire difficilement et très-irrégulièrement (24 à 35 respirations à la minute). On la trouve morte le 12 juillet au matin. A l'autopsie, on trouve les feuillets collés, les branchies décolorées, l'estomac distendu, la vessie pleine, les organes principaux intacts.

Expérience VIII. — Eau du laboratoire mélangée à l'eau des bassins.

Pour étudier l'influence d'une faible dose d'eau sulfurée sur les poissons, on a fait un mélange d'eau du laboratoire et d'eau des bassins contenant, par litre, 0ᵍ,014 de sulfure de calcium et présentant, par conséquent, un titre sulfhydrométrique très-voisin de celui de l'eau de la Seille puisée par M. Brocard le 28 juin 1870, au moment où

les poissons asphyxiés venaient à la surface de l'eau qui contenait
$0^g,017$ de CaS par litre (v. page 30.)

A $4^h53'$, on met dans l'aquarium une tanche très-vivace (la température de l'eau $= 19°$). Les mouvements respiratoires, qui étaient de
68 par minute dans l'eau pure, tombent rapidement à 36. Ils sont,
de plus, intermittents. La tanche est au repos. A 6^h, elle est mise à la
cave dans l'aquarium. On l'y laisse jusqu'au lendemain à 4^h du soir ;
à ce moment, le nombre des respirations est normal (65 à 67). La
tanche semble complétement remise.

Expérience IX. — Eau de la Seille n° 4. On répète l'expérience
sur deux tanches vigoureuses.

A 5^h, on place ces tanches dans l'aquarium rempli d'eau n° 4. L'asphyxie se manifeste à $5^h50'$. On retire les tanches, on les place dans
de l'eau pure, elles reviennent à elles presque immédiatement ; le nombre des respirations, nul au moment où on les a retirées de l'aquarium, s'élève d'abord à 55 par minute ; à 5^h et demie, il est de 92. Les
tanches sont parfaitement portantes le lendemain, le nombre des respirations est normal (65 à 70).

Expérience X. — Eau de la Seille n°3 additionnée d'eau des bassins.

On fait, par tâtonnements, un mélange d'eau de la Seille n° 3 (v.
page 22) et d'eau des bassins, qui contienne environ moitié moins de
sulfures que l'eau de la Seille n° 4. Il renferme, en effet, par litre,
$0^g,049$ de sulfures au lieu de $0^g,101$. On y place une tanche très-vivace qui n'a encore servi à aucune expérience. Dans l'eau pure, le
nombre des respirations, à la minute, est de 71. Après deux minutes
de séjour de l'animal dans l'aquarium, il tombe à 60 ; après 4 minutes,
il n'est plus que de 48. L'expérience a commencé à $5^h53'20''$; à
$5^h57'20''$, l'asphyxie se manifeste, la tanche est sur le flanc, les mouvements respiratoires s'éloignent et tombent rapidement à 42, 35, 31
par minute. L'animal expulse beaucoup de mucosités, agitation assez
vive, la bouche et les opercules ne s'ouvrent plus. Mort à $6^h2'$.

Cette première série d'expériences, dont nous résumerons tout à
l'heure les résultats, démontre, à l'évidence, que l'eau des bassins, en
se mélant aux eaux de la Seille, amène des accidents pouvant aller,
suivant l'état de concentration du mélange, depuis l'asphyxie momen-
tanée jusqu'à la mort des poissons. Restait à établir directement si,
comme tout le faisait présumer, la présence du sulfure de calcium,

incompatible avec celle de l'oxygène libre dans l'eau, est la seule cause des propriétés vénéneuses de l'eau des bassins, et si les autres substances que contiennent ces résidus ont ou non de l'action sur les poissons. Il fallait aussi déterminer les proportions de chacune de ces substances capables d'amener la mort des poissons de la Seille.

3. DEUXIÈME SÉRIE D'EXPÉRIENCES.

Les six dernières expériences que je vais rapporter ont trait à ces diverses questions. Elles ont porté sur le sel marin, dont la présence dans les eaux de la Seille, à des doses notables (2^g à 11^g par litre), est constante; sur le chlorure de calcium, l'hyposulfite de chaux, le sulfure de calcium et le chlorure de manganèse, que les eaux des bassins apportent dans la Seille. Les substances employées étaient des produits purs préparés au laboratoire. Aucune des tanches soumises à ces expériences n'avait servi aux essais précédents.

Expérience XI. — Eau du laboratoire contenant 10^g de sel marin par litre. — Temp. de l'eau de l'aquarium, 20°; temp. de l'air, 23°. — L'expérience commence à $4^h41'$. Dès le début, la tanche manifeste une très-vive agitation : deux fois elle sort de l'aquarium dans la vivacité de ses soubresauts, elle se tient constamment à la surface, elle est toujours en mouvement, il est impossible de compter le nombre des respirations; il y a émission abondante de gaz. Elle meurt à 10^h du soir.

Expérience XII. — Eau du laboratoire contenant 10^g de chlorure de calcium par litre. — L'expérience commence à $5^h35'$ du soir. Mêmes symptômes que dans l'expérience XI, même agitation; expulsion de gaz et de mucosités que la chaux précipite. La tanche vit encore à 11^h du soir. On la trouve morte le lendemain matin.

Expérience XIII. — Eau contenant 5^g d'hyposulfite de chaux par litre (c.-à-d. deux fois plus d'hyposulfite que l'eau de la Seille n° 4).

A $3^h51'30''$, on place dans l'aquarium une tanche très-vivace; le nombre des respirations, qui était de 78 à la minute dans l'eau, s'abaisse à 60. La tanche se décolore rapidement. A 5^h, la respiration devient intermittente, l'animal semble hyposthénisé, il ne remue pas; lorsqu'on le touche, il ne cherche pas à se déplacer. A sept heures du soir, on place l'aquarium à la cave ; l'animal est plus vivace, il recommence à circuler. Après 36 heures de séjour dans l'aquarium, il a repris ses allures ordinaires : il est décoloré, mais son état, sous tous les autres rapports, est normal.

Expérience XIV. — Eau du laboratoire additionnée de sulfure de calcium. — On a fait une dissolution de sulfure de calcium ayant à peu près le titre sulfhydrométrique de l'eau de la Seille le 28 juin, et de l'eau de l'expérience n° VIII. Elle contient 0ᵍ016 CaS par litre ; les deux eaux en question en renfermaient respectivement 0ᵍ,017 et 0ᵍ014. On place une tanche dans l'aquarium à 9ʰ2'. Le nombre des respirations est de 66 à la minute. L'animal est agité, il commence à donner des signes d'asphyxie ; on ajoute à ce moment une nouvelle dose de sulfure de calcium ; l'eau de l'aquarium contient alors 0ᵍ,032 de CaS. — Agitation, diminution dans les mouvements respiratoires. A 9ʰ55', nouvelle addition de sulfure ; l'eau contient, par litre, 0ᵍ,0392 CaS. — Asphyxie complète ; on retire l'animal, on le place sous un courant d'eau froide, au bout de cinq minutes il revient à lui.

Expérience XV. — Eau du laboratoire additionnée de sulfure de calcium. — L'expérience précédente montre que lorsque de l'eau ordinaire contient, par litre, 0ᵍ,039 de sulfure de calcium, l'animal qui y est plongé meurt asphyxié si on ne le retire pas rapidement. L'expérience XV avait pour but de déterminer la dose de sulfure de calcium nécessaire pour amener la mort aussi rapidement que le fait l'eau des expériences I et IX. On a donc fait une dissolution de sulfure de calcium contenant 0ᵍ,0512, c'est-à-dire une dose de sulfure très-voisine de celle de l'expérience IX.

A 11ʰ57', on a placé dans l'aquarium une tanche vivace. L'animal s'agite et donne presqu'immédiatement des signes d'asphyxie : à 11ʰ57'56", il est sur le flanc. Expulsion de mucosités sanguinolentes par les opercules. Asphyxie complète à 11ʰ59'. Mort à 12ʰ2'.

Expérience XVI et dernière. — Eau du laboratoire additionnée de 15ᵍ de chlorure neutre de manganèse par litre.

A 7ʰ43' du soir, on place dans l'aquarium une tanche vigoureuse ; l'agitation est moins manifeste que dans les expériences faites avec le sel marin et le chlorure de calcium. L'animal meurt à 11ʰ40' du soir.

J'ajouterai comme dernier renseignement, avant de tirer quelques conclusions de ces essais, que les poissons morts par suite d'asphyxie dans les diverses expériences rapportées ci-dessus, sont parfaitement comestibles, ce dont j'ai tenu à m'assurer par moi-même.

Tableau résumant les expériences.

PREMIÈRE SÉRIE I A X.

N° d'ordre des expériences	NATURE DE L'EAU de l'aquarium.	QUANTITÉ de sulfure et d'autres substances par litre.	DURÉE de l'expérience.	RÉSULTAT.
I.	Eau de la Seille n° 4.....	0g101 CaS	0h 0'47"	Asphyxie momentanée, pas d'accident.
II.	Eau de la Seille n° 4. ...	0 101 CaS	0 5 40	Asphyxie suivie de mort. 24 minutes après la sortie de l'aquarium.
III.	Eau de la Seille n° 4.....	0 101 CaS	0 22 15	Mort après séjour de 22 minutes dans l'aquarium.
IV.	Eau de la Seille n° 5. ...	0 000	7 40 0	Aucun malaise de l'animal.
V.	Eau du laboratoire.	0 153 CaS	5 5 0	Asphyxie, mort.
	Add. progressive d'eau n° 4	0 198 CaS	»	
VI.	Eau du laboratoire.......	»	»	
	Addition d'eau n° 4......	0 108 CaS	0 30 05	Mort.
VII.	Eau du laboratoire.......	»	»	
	Addition d'eau des bassins.	0 082 CaS	12 0 0	Mort.
VIII.	Eau du laboratoire.......	0 014 CaS	24 00 00	Malaise momentané, pas d'accident.
	Addition d'eau des bassins.	»	»	
IX.	Eau de la Seille n° 4.....	0 101 CaS	0 00 50	Asphyxie momentanée, pas d'accident.
X.	Eau de la Seille n° 5.....	«	»	
	Addit. d'eau des bassins..	0 049 CaS	0 9 20	Mort.

DEUXIÈME SÉRIE X A XVI.

XI.	Eau du laboratoire.......	10g Na Cl	5h19' 5"	Mort.
XII.	Eau du laboratoire.......	10 Ca Cl	5 55 5	Mort.
XIII.	Eau du laboratoire.......	15 C4O2 SaO	0 56 00	Hyposténisation momentanée, pas d'accident.
XIV.	Eau du laboratoire.	0 016 à 0,039, NaS	2 00 00	Asphyxie momentanée, pas d'accident.
XV.	Eau du laboratoire.	0 0512 CaS	0 5 2	Mort.
XVI.	Eau du laboratoire.......	15 chlorure de manganèse	4 00 00	Mort.

On peut tirer de ces expériences quelques conclusions intéressantes.

4. CONCLUSIONS DES EXPÉRIENCES SUR LES POISSONS.

1° L'eau de la Seille, avant mélange avec les résidus de la Soudière, n'exerce aucune action nuisible sur les poissons (Expérience IV).

2° L'eau de la Seille, mélangée aux résidus liquides de l'usine, a une action mortelle, à certains jours. Les poissons sont asphyxiés et non empoisonnés. En effet, il suffit de les transporter dans l'eau pure au début de l'asphyxie, pour les rappeler à la vie. Les poissons qui succombent sous l'influence de ces eaux sont comestibles (Exp. I, II, III et IX).

3° L'eau de la Seille, puisée à certains jours, peut encore asphyxier les poissons, même lorsqu'elle est très-diluée avec de l'eau pure. En d'autres termes, l'influence nuisible qu'exerce, sur les poissons, l'eau des bassins de l'usine peut s'étendre à une assez grande distance en aval de Dieuze (Exp. V, VI, VII, VIII et X).

4° L'eau ordinaire, contenant 10^g de chlorure de sodium par litre, tue les poissons d'eaux douces tels que la tanche (Exp. XI).

5° Le chlorure de calcium, à la même dose que le sel marin, agit comme ce dernier (Expérience XII).

6° L'hyposulfite de chaux, même à dose élevée, n'occasionne au poisson qu'un malaise passager. Il n'est pas toxique (Exp. XIII).

7° Le sulfure de calcium est le véritable agent de destruction du poisson, à certains jours. Si la dose de ce sel ne dépasse pas $0^g,016$ à $0^g,039$ par litre et que l'eau vienne à se renouveler assez rapidement, l'asphyxie n'est pas complète et l'animal peut être sauvé. Au-dessus de cette dose, l'animal périt dans un temps très-court (Exp. XIV et XV).

8° Le chlorure de manganèse semble moins toxique que les chlorures de sodium et de calcium, mais une forte dose de ce sel peut tuer les poissons (Exp. XVI).

En résumé, l'eau des bassins, en se mélangeant à l'eau de la Seille, cause la mort des poissons dès que le chiffre de sulfure de calcium atteint la proportion de $0^g,03$ par litre. Le sel marin, le chlorure de calcium et le chlorure de manganèse peuvent hâter la mort ou même la produire, s'ils sont en quantité suffisante; c'est probablement en diminuant la solubilité des gaz de l'air dans l'eau, que ces sels agissent. — L'hyposulfite de chaux est à peu près sans action sur les poissons.

IX. CONCLUSIONS GÉNÉRALES.

De tous les faits, observations et expériences qui précèdent, les experts soussignés tirent les conclusions suivantes :

1° En ce qui concerne les prés :

Les eaux déversées dans la Seille par la soudière de Dieuze n'ont exercé aucune action sur les prairies de Mulcey, Marsal et Moyenvic soumises à leur expertise.

La submersion prolongée des prés en question, les gelées, la sécheresse extrême qui leur ont succédé, enfin la salure du sol, sont à leurs yeux les seules causes qui ont amené la mauvaise récolte de 1870.

Le curage et le faucardage de la Seille pratiqués régulièrement et à des intervalles suffisamment rapprochés, feraient disparaître les causes d'inondation ou tout ou moins atténueraient, dans une très-grande mesure, les inconvénients de la submersion des prés en la rendant passagère.

2° En ce qui concerne les poissons :

Il semble démontré aux experts que le sulfure de calcium contenu dans l'eau des bassins est la cause de l'asphyxie des poissons qu'on observe à certains jours. Les chlorures de calcium et de manganèse, et le sel marin peuvent hâter l'asphyxie en s'opposant à la dissolution de l'oxygène de l'air dans l'eau.

L'action de l'eau des bassins peut se faire sentir sur les poissons à une certaine distance en aval de Dieuze.

L. GRANDEAU.

ROUGIEUX.   H. THIRY.

Nancy, novembre 1871.

PIÈCE JUSTIFICATIVE.

*Extrait des minutes du Greffe de la Justice de paix du canton de Dieuze,
Département de la Meurthe.*

Cejourd'hui, vingt-six juillet mil huit cent soixante-dix, en notre salle
d'audience à Dieuze.

Devant nous, Jean-Louis LAHAYE, juge de paix du canton de Dieuze, assisté
du greffier.

En exécution de notre jugement en date du treize juillet courant, enregistré
et conformément à notre ordonnance en date du vingt même mois, enregistré à Dieuze le même jour, folio quarante-neuf, verso, case un, par
M. Gérardin qui a perçu un franc quinze centimes, décime et demi compris
en la cause d'entre :

1° Eugène Pardieu, 2° Jean-Nicolas Hazotte, 3° et François-Victor Bier, tous
trois propriétaires, demeurant à Mulcey, demandeurs, Contre la Société ano-
nyme des salines de Dieuze, défenderesse. Ont comparu en personnes les
demandeurs.

Lesquels nous ont dit que par exploits d'Alliou et Rudeau, tous deux huis-
siers, le premier à Dieuze et ce dernier à Vic en date des vingt-un, vingt-
deux et vingt-trois juillet courant, enregistrés, ils ont fait citer différents
témoins à l'effet de faire constater conformément à notre jugement précité
quel était, dans les années précédentes, l'état des récoltes en foin et en regain
sur les prés qu'ils possèdent à Mulcey, au canton des Roseaux ainsi que sur
différentes autres pièces de pré, situées dans les confins voisins.

La saline représentée par le sieur Buquet, son directeur à Dieuze a dit
qu'elle ne s'oppose pas à l'audition des témoins appelés par les demandeurs
et qu'elle n'a, quant à elle, aucun témoin à faire entendre.

Nous juge de paix susdit,

Après avoir fait donner par le greffier lecture de notre jugement précité
aux témoins réunis et avoir pris d'eux le serment de dire la vérité ainsi que
leur déclaration qu'ils ne sont parents, alliés, serviteurs ni domestiques de
l'une ou l'autre des parties, avons, en présence des dites parties, procédé à
leur audition publiquement et séparément ainsi qu'il suit.

Georges-Auguste PORGERON, trente-neuf ans, propriétaire, demeurant à Ley.

Lequel après avoir déclaré n'être parent, allié, serviteur ni domestique de
l'une ou l'autre des parties, fait serment de dire vérité et sans être reproché,
ni lire de projet de déclaration écrite, a déposé ce qui suit :

A partir d'une époque que je ne puis préciser avec exactitude, mais que je
crois pouvoir faire remonter à l'année mil huit cent soixante-deux inclusi-
vement, j'ai récolté comme locataire, pendant trois ans consécutifs, la prairie
dite du Landremont, située sur le ban de Mulcey et appartenant à un sieur
Lorette. Pendant ces trois années j'ai été bien satisfait des récoltes en foin et
en regain sous le double rapport de la qualité et de la quantité. Aucune de
ces années n'a été sèche, aucune n'a été humide. Une seule fois pendant
notre bail, l'étang de Lindre a été mis en vidange, sans que la quantité et la
qualité du foin et du regain que nous avons recueillie l'année suivante aient
eu à en souffrir.

Les prés dont je viens de parler ont une contenance de un hectare soixante-douze ares environ et nous ont donné chaque année, en moyenne, neuf mille kilogrammes de foin et cinq mille kilogrammes de regain.

Lecture faite au témoin de sa déposition, il a dit qu'elle contient vérité, y persister, requérir taxe que nous avons réglée à trois francs et a signé en approuvant cinq mots rayés nuls. *Signé :* PORGERON.

Hubert BARBELAIN, âgé de soixante ans, cultivateur, demeurant à Ley.

Lequel après avoir déclaré n'être parent, allié, serviteur ni domestique de l'une ou l'autre des parties, juré de dire vérité et sans être reproché ni lire de projet de déclaration écrite, a déposé ce qui suit :

A une époque que je ne puis fixer, j'ai joui comme locataire pendant une période de trois ans du pré dit le Landremont, situé ban de Mulcey et appartenant au sieur Lorette. Le sieur Porgeron était mon associé. Tous deux nous avons été satisfaits des récoltes qui ont pu nous donner en moyenne huit à neuf mille kilogrammes de foin et cinq à six mille kilogrammes de regain. Une seule fois pendant notre bail l'étang de Lindre s'est trouvé en vidange mais les prés loués n'en ont pas souffert. Je finis en ajoutant que pendant nos trois années de location nous avons joui d'une température ordinaire sans forte pluie ni sécheresse.

Lecture faite au témoin de sa déposition il a dit qu'elle contient vérité, y persister, requérir taxe que nous avons réglée à trois francs. Et a signé. *Signé :* BARBELAIN.

Joseph CLASQUIN, soixante-dix ans, propriétaire, demeurant à Vergaville.

Lequel après avoir déclaré n'être parent, allié, serviteur ni domestique de l'une ou l'autre des parties, juré de dire vérité et sans être reproché ni lire de projet de déclaration écrite, a déposé ce qui suit :

Pendant une période de douze à quinze ans que je place entre les années mil huit cent quarante et mil huit cent cinquante-cinq ; le sieur Muller de Dieuze, dont j'étais l'homme de confiance, a exploité comme locataire sur le ban de Mulcey, la prairie dite du Landremont appartenant à M. Froment, de Nancy, et une autre prairie à côté appartenant à l'hospice de Vic.

Pendant les années humides le pré de Landremont n'était noyé que temporairement, attendu que les eaux ne rencontraient aucun obstacle à leur écoulement en aval. La récolte était bonne alors ; dans les années d'inondation, c'est-à-dire lorsque la prairie était couverte d'eau pendant une grande partie de l'hiver, il arrivait que la racine des herbes pourrissait et la récolte n'était que médiocre. Dans les années de sécheresse, au contraire, la récolte pour être moins bonne que dans les années ordinaires était cependant encore assez satisfaisante tant sous le rapport de la quantité que de la qualité.

Dans le pré des hospices il existait un bas fond d'environ vingt ares où l'eau, n'ayant pas d'écoulement, restait stagnante pendant une partie de l'année, même en été. Cette portion de pré ne nous donnait qu'une herbe aigre, aquatique et que quelquefois même nous ne nous donnions pas la peine de faucher.

Lecture faite au témoin de sa déposition, il a dit qu'elle contient vérité, y persister, requérir taxe que nous avons réglée à trois francs.

Et a signé approuvant trois mots rayés nuls. *Signé :* CLASQUIN.

François CLÉMENT, soixante-douze ans, cultivateur, demeurant à Mulcey.

Lequel a déclaré n'être parent, allié, serviteur ni domestique de l'une ou l'autre des parties, juré de dire vérité.

A l'instant le sieur Buquet a dit que le témoin étant cultivateur et proprié taire de prés à Mulcey, se trouve par cela même intéressé dans la cause.

Avons donné acte au sieur Buquet de cette déclaration et ordonné que le témoin sera entendu sauf à avoir égard en fait articulé suivant qu'il y aura lieu.

En conséquence, il a déposé ce qui suit :

Pendant les années mil huit cent soixante-cinq, mil huit cent soixante-six et mil huit cent soixante-sept, j'ai récolté, comme locataire, le pré dit du Landremont. Pendant ces trois années et même pendant l'année de sécheresse de mil huit cent soixante-cinq, j'ai toujours fait dans cette prairie qui contient environ un hectare soixante douze ares la quantité d'environ onze mille kilogrammes de foin de bonne qualité. Aucune inondation ne s'est produite pendant cette période.

Lecture faite au témoin de sa déposition, il a dit qu'elle contient vérité, y persister, requérir taxe que nous avons réglée à trois francs.

Et a signé en approuvant douze mots rayés nuls. *Signé :* CLÉMENT.

Louis CLÉMENT, âgé de soixante-cinq ans, cultivateur, demeurant à Gelucourt.

Lequel après avoir déclaré n'être parent, allié, serviteur ni domestique de l'une ou l'autre des parties, juré de dire vérité et sans être reproché, ni lire de projet de déclaration écrite, a déposé ce qui suit :

Pendant neuf années à partir de mil huit cent cinquante-deux ou mil huit cent cinquante-trois, j'ai récolté, comme locataire, la prairie dite des Grands-Roseaux, ban de Blanche-Eglise, entre la Seille et le ruisseau de Guéblange et exploitée aujourd'hui par le sieur Malnoy. Pendant ces neuf années les récoltes tant en foin qu'en regain ont toujours été excellentes même pendant les inondations et lorsque les eaux couvraient la prairie depuis le mois de novembre jusqu'au mois de février, ce qui est arrivé une fois. Il est arrivé une fois aussi qu'un débordement s'est produit la veille de la fenaison mais dans ce cas, le foin pour être de moins bonne qualité, puisqu'il était souillé par la vase, n'en a pas été moins abondant. Quant aux années de sécheresse proprement dites, nous n'en avons pas essuyé pendant cette période.

En résumé, nous avons fait en moyenne seize mille kilogrammes de foin sur le pré en question dont la contenance était de deux hectares quarante centiares.

Lecture faite au témoin de sa déposition, il a dit qu'elle contient vérité, y persister, requérir taxe que nous avons réglée à trois francs.

Et a signé en approuvant trois mots rayés nuls. *Signé :* L. CLÉMENT.

Auguste XARDEL, quarante-un ans, cultivateur, demeurant à Vergaville.

Lequel après avoir déclaré n'être parent, allié, serviteur ni domestique de l'une ou l'autre des parties, juré de dire vérité et sans être reproché, ni lire de projet de déclaration écrite, a déposé ce qui suit :

Depuis environ quarante ans, j'ai toujours exploité ou vu exploiter comme propriétaire ou comme fermier, la quantité d'environ quatre hectares de prés, ban de Blanche-Eglise, entre la Seille et le ruisseau ou canal de Guéblange, Pendant tout ce temps, même pendant les années humides, même pendant les époques d'inondation et lorsque les eaux couvraient la prairie pendant une partie de l'hiver, j'ai toujours fait ou vu faire de bons et abondants fourrages sur ce terrain. Depuis trois à quatre ans seulement et pour une cause que je n'ai pas à apprécier, l'herbe, après avoir commencé à diminuer sensiblement, a presque fini par disparaître à tel point que j'ai été obligé de réensemencer certaines places. Pendant ce même temps, la récolte perdait aussi en qualité, de telle sorte que nous n'avons plus aujourd'hui qu'une espèce d'oseille sauvage au lieu d'un foin de bonne qualité.

Lecture faite au témoin de sa déposition, il a dit qu'elle contient vérité, y persister, requérir taxe que nous avons réglée à trois francs.

Et a signé en approuvant deux mots rayés nuls. *Signé :* XARDEL.

Nicolas-Christophe Clément, âgé de cinquante-quatre ans, cultivateur, demeurant à Gelucourt.

Lequel après avoir déclaré n'être parent, allié, serviteur ni domestique de l'une ou l'autre des parties, juré de dire vérité et sans être reproché, ni lire de projet de déclaration écrite, a déposé ce qui suit :

Pendant neuf ans à partir de mil huit cent cinquante-deux ou mil huit cent cinquante-trois, j'ai été avec mon frère fermier d'une prairie située à Blanche-Eglise, entre la Seille et le ruisseau de Guéblange et exploitée aujourd'hui par Malnoy. Toujours les récoltes en foin et en regain ont été bonnes comme quantité et qualité. J'en excepte cependant deux années pendant lesquelles la récolte, pour être bonne quant à la quantité né valait que moitié au point de vue de la qualité à cause des eaux qui avaient couvert le pré pendant l'hiver, pendant un certain temps (un mois, deux mois, six semaines).

Deux fois aussi il est arrivé la veille de la fenaison des débordements qui ont sali l'herbe.

Lecture faite au témoin de sa déposition il a dit qu'elle contient vérité, y persister, requérir taxe que nous avons réglée à trois francs.

Et a signé. *Signé* : N. Clément.

Henry Untereiner, âgé de vingt-huit ans, cultivateur, demeurant à Dieuze.

Lequel après avoir déclaré n'être parent, allié, serviteur ni domestique de l'une ou l'autre des parties, juré de dire vérité et sans être reproché, ni lire de projet de déclaration écrite, a déposé ce qui suit :

Depuis environ dix ans je suis locataire des prés de l'hospice de Vic, situés au canton des Roseaux, ban de Mulcey. J'y ai toujours fait de bonnes récoltes à l'exception de l'année courante dont les produits ne valent pas ceux de l'année dernière sous le rapport de la quantité. Quant à la qualité, je la regarde comme supérieure à celle de l'année précédente.

Lecture faite au témoin de sa déposition, il a dit qu'elle contient vérité, y persister, requérir taxe que nous avons réglée à trois francs. Et a signé. *Signé* : Untereiner.

Joseph Barbier, âgé de vingt-un ans, cultivateur, demeurant à Dieuze.

Lequel après avoir déclaré n'être parent, allié, serviteur ni domestique de l'une ou l'autre des parties, juré de dire vérité et sans être reproché, ni lire de projet de déclaration écrite, a déposé ce qui suit :

Depuis environ dix ans, j'ai exploité comme fermier avec Untereiner le pré des hospices de Vic, situé ban de Mulcey, licudit aux Roseaux, et nous y avons toujours fait de bonnes récoltes à l'exception de l'an dernier où l'herbe a été gâtée par un débordement survenu la veille de la fenaison. Cette année-ci nous n'avons pas eu beaucoup de fourrage mais il a été bon.

Lecture faite au témoin de sa déposition, il a dit qu'elle contient vérité, y persister, requérir taxe que nous avons réglée à trois francs.

Et a signé. *Signé* : Barbier.

L'enquête étant terminée, les parties ont déclaré n'avoir, quant à présent rien à ajouter à leurs conclusions précédentes.

De tout quoi nous avons dressé le présent procès-verbal que nous avons signé avec le greffier à la date que dessus en approuvant un mot rayé nul.

Signé : Lahaye, juge de paix et Peignier, greffier.

INDEX

9 782019 219659